PETER EBELING

250 Verkäuferleitsätze

PETER EBELING

250 Verkäuferleitsätze

verlag moderne industrie

2. Auflage 1981

Satz: IBV Lichtsatz KG, Berlin
Druck: Presse-Druck Augsburg
Bindearbeiten: R. Oldenbourg, Augsburg
Printed in Germany · 590210 / 481301
ISBN 3-478-59210-0

Inhaltsverzeichnis

Vorwort

Ein neues Fachbuch nimmt man in die Hand, blättert ein wenig, findet Interessantes, Neues und vertieft sich darin, wenn dem so ist. Dann stellt man das Buch in den Bücherschrank, zu den vielen anderen, nicht aber, ohne vorher die besten Vorsätze gefaßt zu haben, das Gelesene diesmal wirklich in die Tat umzusetzen. Aber die Verwirklichung?

Dies hat auch Peter Ebeling erkannt und Taschenbücher in Leitsätzen geschrieben. Man kann sie immer wieder lesen oder Teile daraus vorlesen oder auch nur hineinschauen. Man findet immer wieder etwas, was man für sich selbst oder für andere verwerten kann. Alles ist praxisnah.

Herrn Peter Ebeling kenne und schätze ich seit Jahren. Er gehört zu den aktiven Mitarbeitern im BDVT (Bund Deutscher Verkaufsförderer und Verkaufstrainer e. V.), gründete im Rahmen dieses Verbandes erst den Regionalkreis Hamburg und später leitete er den Regionalkreis Hessen. In der Nähe von Bad Schlangenbad entwickelte er nach seinen Grundsätzen ein Ausbildungs- und Trainingszentrum für Verkäufer und Führungskräfte. Auf Grund seiner jahrelangen persönlichen Praxis als Verkaufstrainer und Dozent für Rhetorik hat er mehrere Bücher über Verkauf und Rhetorik geschrieben und damit wesentlich dazu beigetragen, Aus- und Weiterbildungspakete für Verkaufstrainer und Verkäufer zu schaffen. Dieses neueste Taschenbuch »250 Verkäuferleitsätze«, im Telegrammstil geschrieben, soll ein ständiger Begleiter sein für alle diejenigen, die Tag für Tag im Verkauf stehen.

BUND DEUTSCHER
VERKAUFSFÖRDERER UND
VERKAUFSTRAINER E. V.

Joachim Fleckner
Präsident

A

Abschluß

Alternativ

Verwenden Sie beim Abschluß auch Alternativformulierungen.

Aufträge

Aufträge und sonstige Empfangsbescheinigungen sollten vorsichtshalber immer unterschrieben sein.

Auftrag

Geben Sie dem Kunden eine Kopie seines Auftrages.

Aussagen

Präsentieren Sie Ihre wichtigsten Aussagen klar und prägnant.

Menge

Stellen Sie immer eine hohe Angebotszahl in den Raum, denn die Kunden reduzieren die Menge meist von selbst.

Menge

Kunden erwarten von Ihnen, daß Sie Vorschläge unterbreiten in bezug auf die einzukaufende Menge.

Motive

Bedenken Sie, es sind nicht immer die üblichen Verkaufsmotive, die zu einem Kaufentschluß führen.

Rabatte

Die Rabatte sollten am besten am Ende des Gespräches, vor Abschluß des Auftrages, genannt werden.

Schnell

Sobald Sie die Aufmerksamkeit des Kunden haben, versuchen Sie schnell und sicher zum Abschluß zu kommen.

Schriftlich

Nageln Sie den Kunden mündlich aber besser noch schriftlich fest.

Sofort-Kauf

Nennen Sie frühzeitig die Vorteile, die sich durch einen sofortigen Kauf anbieten.

Technik

Versuchen Sie am besten, den Firmenstempel des Kunden auf Ihre Auftragskopie zu stempeln.

Teilzusage

Eine Teilzusage des Kunden ist meistens die Erst-Zusage zum größeren Geschäft.

Unterschrift

Durch eine Unterschrift vermeiden Sie Streit und Unannehmlichkeiten.

Unterschrift

Kennzeichnen Sie das Formular mit einem X dort, wo der Kunde unterschreiben soll.

Zeitpunkt

Erfolgreiche Verkäufer beherrschen die Kunst, den Auftrag zum richtigen Zeitpunkt unterschreiben zu lassen.

Zeitpunkt

Sie müssen genau den richtigen »Zeitpunkt« erkennen, wann Sie zum Abschluß kommen müssen.

Zusage

Sobald Sie eine Zusage des Kunden haben, notieren Sie so schnell wie möglich, auch wenn es vorerst nur eine kleine Menge ist. Sie können später immer noch einen zweiten Versuch machen, mit dem Hinweis auf den günstigen Mengenrabatt, um eine größere Menge zu verkaufen.

Allgemeinwissen

Wissen

Ein guter Verkäufer sollte nicht nur über die Wirtschaft, sondern z. B. auch über den Sport und allgemeine Themen informiert sein.

Analyse

Eigene

Analysieren Sie vor dem Spiegel Ihre Gesichtsmimik.

Produkt

Analysieren Sie die Vorzüge Ihres Produktes, bevor Sie verkaufen gehen.

Anerkennung

Ansporn

Eine Anerkennung ist oft ein Ansporn zu noch höheren Leistungen.

Anfang

Satz

Die ersten Sätze entscheiden darüber, ob der Kunde zuhört oder nicht.

Angebote

Kombinationen

Als Kaufanreiz offerieren Sie Ihren Kunden »Kombinations-Angebote«.

Menge

Es ist eine alte Firmenweisheit, daß die meisten Verkäufer zu geringe Produktmengen anbieten.

Menge

Bedenke immer: Einkäufer entscheiden sich meistens für die geringere Angebotsmenge.

Mengenvorschlag

Viele Kunden erhoffen einen Mengenvorschlag.

Optimale Menge

Nutzen Sie diese Gelegenheit, um eine optimale Menge anzubieten. Millionen DM gehen Verkäufern jährlich verloren, weil sie aus einer gewissen Angst heraus zu »niedrig anbieten«.

Angesprochen

Persönlich

Kunden, ja auch alle Menschen, wollen persönlich angesprochen werden.

Angst

Motive

Bedenke immer: Angstmotive spielen bei den Menschen eine nicht zu unterschätzende Rolle.

Vermeiden

William James, der bekannte Psychologe, sagte vor vielen Jahren: »Tue das, wovor Du dich fürchtest und die Furcht stirbt einen sicheren Tod.«

Ansprache

Indirekte

Die indirekte Ansprache beim Verkauf führt oft schneller zum Abschluß als die direkte.

Arbeit

Beginn

Gute Verkäufer beginnen ihre Arbeit immer rechtzeitig.

Arbeitsinteresse

Ware

Haben Sie immer Ware zur Hand, und nutzen Sie jede Verkaufsgelegenheit.

Arbeitsmethodik

Geduld

Entwickeln Sie noch mehr Geduld, und Sie werden noch erfolgreicher verkaufen.

Arbeitsmittel

Kaufmännisch

Investieren Sie Ihre Mittel kaufmännisch und ökonomisch.

Rational einsetzen

Die Arbeitszeit und -mittel sind beim Verkaufen begrenzt, deshalb müssen sie optimal eingesetzt werden.

Arbeitsrhythmus

Verkäufer

Es gibt Tage, an denen ein Verkäufer weiß, daß er keine Stimmung zum Verkaufen hat, weil auch er biologisch einem Rhythmus unterworfen ist. Der Versuch, an solchen Tagen zu verkaufen, ist oft sinnlos und ein Selbstbetrug.

Arbeitstechnik

Fakten

Sammeln Sie ständig Facts und Fakten – es lohnt sich.

Montag

Ein guter Beginn am Montag bestimmt größtenteils die Erfolge der Woche.

Morgens

Arbeiten Sie am Morgen so schnell wie möglich. Mit einigen Aufträgen in der Tasche läßt es sich am Nachmittag leichter und rascher verkaufen.

Standpunkt

Machen Sie es zu Ihrem persönlichen Credo: »Ich werde immer mein bestes tun«.

Argumente

Unterschied

Unterscheiden Sie zwischen rationellen und gefühlsbetonten Argumenten.

Wichtigkeit

Es sind oft unwichtig erscheinende Argumente, die den Kunden zum Kauf veranlassen.

Atmosphäre

Entspannen

Nur der entspannte Kunde wird Ihnen zuhören.

Kunde

Um Ihre Verkaufs-Ziele zu erreichen, müssen Sie erst einmal eine angenehme Atmosphäre schaffen.

Aufgaben

Weiterbildung

Jeder Verkäufer sollte sich ein persönliches Weiterbildungsprogramm erstellen und es auch einhalten.

Aufmerksamkeit

Gags

Neue und originelle Gags fesseln den Kunden.

Geld

Lassen Sie den Kunden schon bei der Begrüßung auf irgendeine Art an seine »Kasse« denken.

Höflichkeit

Bleiben Sie bei Ihren Kunden durch Ihre Höflichkeit in Erinnerung.

Überraschung

Verwenden Sie eine überraschende Aussage, oder machen Sie eine nicht alltägliche Behauptung.

Zuhören

Machen Sie es dem Kunden leicht zuzuhören.

Auftrag

Erwartungen

Erfolgreiche Verkäufer zielen hoch in ihren Auftragserwartungen und gewinnen meistens.

Auftreten

Selbstbewußt

Selbstbewußtes Auftreten und Bestimmtheit im Gespräch führen eher zum Erfolg.

Unsicherheit

Oft hindert sich der Mensch selbst am Fortkommen durch Unsicherheit und Furcht.

Ausdauer

Produkt

Geben Sie nicht auf. Verfolgen Sie Ihren Weg, – finden Sie heraus, welches Produkt für den Kunden geeignet ist, und Sie werden gewinnen.

Aussehen

Körper

Der Körper verrät oft den seelischen Zustand eines Menschen. Der niedergeschlagene Mensch schaut nach unten und der hoffende nach oben.

Vorteile

Manche körperlichen Nachteile können Ihnen im Verkauf zum Vorteil werden. Einer der hinkt, bleibt besser in Erinnerung.

Logik

Der logische Weg ist nicht immer der richtige, denn Emotionen spielen ebenfalls eine große Rolle.

Qualität

Auch Qualität verkauft sich nicht von selbst.

Beeinflussen

Verkäufer sind meistens auf die Mithilfe anderer angewiesen.

Frauen

Männer lassen sich bei wichtigen Fragen in starkem Maße von ihren Frauen beraten.

Lob

Loben Sie jede Verbesserung, auch die kleinste.

Negativ

Die Knigge-Regeln für gute Verkäufer müssen wir kennen. Es sind oft nur Kleinigkeiten, die Kunden negativ beeinflussen können.

Beförderung

Gefahr

Es ist bekannt, daß man jemanden zum Tode befördern kann. Seien Sie also auf der Hut!

Begeistern

Außergewöhnliches

Durch das Außergewöhnliche können Sie Menschen faszinieren und begeistern.

Begrüßung

Firma

Nennen Sie Firmen- und eigenen Namen zusammen. Mein Name ist Meyer, Allianz. Meyer von der Allianz!

Behandlung

Beweisen

Fordern Sie den Gesprächspartner auf, seine Behauptungen unter Umständen zu beweisen.

Bejahung

Indirekte Fragen

Kommen Sie durch indirekte Fragen, die eine Bejahung voraussetzen, zum Abschluß.

Beobachtung

Aufmerksamkeit beim Kunden lohnt sich immer, deshalb *Augen auf!* Gewöhnen Sie sich den »Rund-um-Blick« an.

Andere Branchen

Gute Verkäufer beobachten Verkaufsmethoden und -strategien der anderen Branchen und prüfen immer ihre Verwendungsmöglichkeiten.

Fragen

Stellen Sie Fragen, und schulen Sie auch Ihre Beobachtungsgabe.

Kleinigkeiten

Entwickeln Sie Ihre Beobachtungsgabe. Achten Sie auf Kleinigkeiten im Büro, Geschäft oder Heim, die Ihnen Aufschluß über den Menschen geben.

Kunden

Studieren Sie die Interessen und Gewohnheiten Ihrer Kunden, um sie so besser kennenzulernen.

Methoden

Die Erfolgsmethoden anderer sollten wir uns ebenfalls zunutze machen.

Beratung

Ehrlichkeit

Überraschen Sie Ihre Kunden durch Ihre ehrliche Beratung. Somit differenzieren Sie sich in vielen Fällen von manchem Ihrer Kollegen.

Kunden

Viele Kunden wollen nicht »verkauft«, sondern beraten werden.

Menge

Kunden erwarten von Ihnen als Berater eine gewisse »Zahlenvorstellung« oder Vorschlagsmenge.

Berufsstatus

Vertriebskaufmann

Durch die Industrialisierung ist es notwendig geworden, daß der Verkäufer zum Vertriebskaufmann ausgebildet wird.

Besitztrieb

Probefahrt

Sie wissen ja: Auto-Verkäufer verwenden die »Probefahrt-Methode«, um den Besitztrieb zu intensivieren.

Besuche

Ausdauer

Geben Sie als Verkäufer niemals auf. Kämpfen Sie weiter und Sie werden gewinnen. Wer Kunden regelmäßig und oft besucht, wird auch Aufträge erhalten.

Vorinformation

Es lohnt sich »Vorinformationen« vor jedem Besuch und jeder Verhandlung einzuholen.

Bildlich sprechen

Effekt

Die besten Formulierungen sind die, die »bildlich« in ihrem Wirkungseffekt zu sehen sind.

Bluff

Nicht alle

Die Engländer sagen:
»You can fool some of the people, some of the time, but not all the people, all the time.« Sie können manche Leute manchmal bluffen, aber nicht alle Leute immer!

C

Chancen

Information

Nutzen Sie immer alle Chancen, um Hinweise über Kunden zu erhalten.

Wahrnehmen

Ein Verkäufer darf niemals zu früh aufgeben, sondern muß jede sich bietende Gelegenheit wahrnehmen.

Courage

Fortkommen

Seien Sie mutig, denn dem Mutigen gehört die Welt. Wer Courage aufbringt, wird eines Tages auch seine Oase finden.

Dauerkunden

Kaufen wieder

Gut beratene Kunden kaufen eher wieder.

Vertrauensverhältnis

Erfolge können nur dann erzielt werden, wenn man schon vorher ein Vertrauensverhältnis schafft.

Demonstration

Besitzwunsch

Lassen Sie den Kunden die Ware in die Hand nehmen und sein Besitzwunsch und die Konzentrationsfähigkeit wird sich steigern.

Hilfsmittel

Bedenken Sie immer: Zeigen sagt mehr aus als sprechen! Verwenden Sie für die Eröffnung visuelle Hilfsmittel, um damit den unkonzentrierten Kunden zu fesseln.

Methoden

Erwecken Sie durch ungewöhnliche Methoden Aufmerksamkeit.

Reden

Beherzigen Sie die Worte: »Weniger Reden – mehr zeigen«.

Differenzieren

Ein guter Verkäufer wird immer versuchen, sich von der Masse zu differenzieren.

Aufmerksamkeiten

Differenzieren Sie sich von anderen durch persönliche Aufmerksamkeiten und kleine Geschenke.

Verkäufer

Der gute Verkäufer beherrscht die Kunst, sich von seinen Konkurrenten zu unterscheiden.

Durchdenken

Vorab

Wichtige Verhandlungen sollte man vorab im Geiste üben.

Einkäufer

Anerkennung

Einkäufer schätzen es, als Experten zu gelten. Bestätigen Sie ihnen, daß sie es sind.

Einkaufsbeeinflusser

Besuchen Sie den richtigen Mann, der Einkaufsempfehlungen von unten nach oben weitergibt.

Einkäufer

Richtiger

Wer verkaufen will, muß den »richtigen« Einkäufer ansprechen.

Selektion

Wer wirklich erfolgreich im Verkäuferberuf sein will, muß immer dafür sorgen, daß er den »richtigen« Mann vor sich hat.

Einkaufsstrategie

Der Kunde ist ein Geschäftsmann und versucht immer, das »Optimale« herauszuholen.

Einwände

Argumente

Erarbeiten Sie für die immer wiederkehrenden Einwände entsprechende Argumente.

Interessen

Verdeutlichen Sie dem Kunden, daß Sie seine Interessen wahrnehmen wollen und ihm treu bleiben werden.
Bedenken Sie immer: Zu den meisten Einwänden gibt es entsprechende Lösungsformulierungen.

Sachlichkeit

Prüfen Sie die Einwände und Behauptungen des Kunden auf ihre Sachlichkeit und Richtigkeit.

Service-Leistungen

Einige Einwände können oft durch Service-Leistungen beseitigt werden.

Endverbraucher

Wiederkauf

Ein Verkäufer muß versuchen, die End-Verwender oder Verbraucher so weit wie möglich zu beeinflussen.

Entspannen

Nervosität

Nervosität, Streß und Anspannungen sind heute eine Zivilisationskrankheit. Der nervöse Mensch kann durch seine eigenen negativen Gedanken die Nervosität noch steigern.

Entscheidungsbefugnis

Angestellte

Viele kleine Angestellte hören zu, sei es aus Neugierde oder allgemeinem Interesse, ohne Entscheidungsbefugnisse zu besitzen.

Ehepaare

In der Versicherungs- und Immobilien-Branche hat man die Wichtigkeit der weiblichen Entscheidung schon längst erkannt; nur Ehepaaren werden Verkaufsobjekte gezeigt.

Richtiger Mann

Überspringen Sie die vorhandenen Hürden des Einkaufs und erreichen Sie den »richtigen Mann«.

Teil

Versuchen Sie, seitens Ihrer Gesprächspartner eine Zusage zu einem allgemeinen Punkt zu erhalten, so daß Sie sie dadurch teilweise verpflichten.

Erarbeiten

Einkaufsbeeinflusser

Erstellen Sie eine Liste der Einkaufs-Beeinflusser einer Firma für Ihre Artikel.

Produktvorteile

Analysieren Sie die Vorteile Ihres Produktes.

Verkaufs-Gags

Analysieren Sie Ihren Artikel, und versuchen Sie, einen Verkaufs-Gag oder eine pfiffige Aussage zu finden.

Zündende Formulierung

Erarbeiten Sie zündende Formulierungen für Ihr Angebot.

Erfolg

Chancen

Bedenken Sie immer: Je mehr Kunden Sie besuchen, desto größer sind Ihre Erfolgschancen.

Entspannen

Erfolgreiche Menschen, die erfolgreich bleiben wollen, müssen lernen, sich zu entspannen.

Formell

Erfolg im Verkauf haben, heißt nichts anderes, als harte Arbeit leisten.

Kleine

Seien Sie bereit, erst einmal klein einzusteigen. Denken Sie zuerst einmal an den Nutzen, den Sie Ihrem Kunden bieten können und nicht nur an Ihre Provision.

Hartnäckigkeit

Hartnäckige Verkäufer suchen viele Wege, um zum Erfolg zu kommen. Gerade dieses macht den Verkäuferberuf so interessant.

Kundeninteresse

Erfolgreich verkaufen heißt Kundeninteresse wahrnehmen.

Kurzfristig

Kurzfristige Erfolge im eigenen Interesse können sehr schnell das Vertrauen des Kunden stören.

Technik

Erfolge sprechen sich herum.

Vordringen

Wer im Verkauf erfolgreich sein möchte, muß die Kunst des Vordringens beherrschen.

Wahrheit

Die Wahrheit verkaufen, wird immer eine gute Basis für den Erfolg sein.

Weitermachen

Niemals aufgeben ist die Devise der Erfolgreichen.

Ziel

Harte Arbeit, Zielklarheit und die Konzentration auf Akquisition bringen Freude und Erfolg.

Erinnerung

Aussagen

Durch Anwendung von aus dem Rahmen fallenden Aussagen bleiben Sie beim Kunden oft jahrelang in Erinnerung.

Erlernbar

Schlagfertigkeit

Schlagfertigkeit ist erlernbar, sobald man ihre Notwendigkeit erkannt hat.

Eröffnung

Fallen Sie nicht mit der Tür ins Haus; denn Menschen sind fast immer mißtrauisch und skeptisch gegenüber Fremden.

Aufmerksamkeit

Fesseln Sie die Aufmerksamkeit Ihrer Kunden schon während der ersten Sätze.

Geschenke

Kleine Geschenke und Aufmerksamkeiten erhalten die Freundschaft.

Positive

Achten Sie stets auf Ihre Eröffnungsformulierung, denn ein frühes »nein« kann Ihre Chancen zunichte machen.

Technik

Würzen Sie Ihre Eröffnung mit Humor und Schlagfertigkeit.

Vorbereitung

Bereiten Sie sich immer gründlich vor.

10 Wörter

Die ersten zehn Wörter sind wichtiger, als die nächsten hundert. Sie müssen den Kunden in eine »Ja-Situation« bringen.

Erscheinung

Image

»Die Menschen erkennen Sie nicht so an, wie Sie sind, sondern wie Sie erscheinen.«

F

Fähigkeiten

Entwickeln Sie die Fähigkeit, Dialekte zu definieren und zu verstehen, und Sie gewinnen schneller Kontakt.

Phantasie

Phantasie ist ein wichtiges Hilfsmittel für Verkäufer, die weitere Erfolge erzielen wollen.

Fallen

Konkurrenz

Wenn Kunden über die Konkurrenz Auskunft erbitten, kann es eine rein informatorische, eine Fang- oder sogar eine provozierende Frage sein.

Forderungen

Unverschämten Forderungen kann man nur mit schlagfertigen Antworten begegnen.

Formulierungen

Außergewöhnliche Formulierungen und Storys bleiben beim Kunden haften und geben neue Möglichkeiten für Unterhaltungspunkte bei künftigen Gesprächen.

Beim Verkaufsgespräch geschieht es öfter, daß Sie zufällig eine gute Formulierung verwenden, die Ihnen hilft, zum Abschluß zu kommen. Notieren Sie Ihre »Erfolgsformulierungen« und verwenden Sie sie zielbewußt bei künftigen Gesprächen.
Verwenden Sie die Formulierung im Notfall: »Bitte haben Sie Verständnis dafür, daß ich die Quelle meiner Information nicht nennen möchte.«

Alternativ

Verwenden Sie die Alternativ-Formulierung: »Wollen Sie uns die erste Rate zusenden oder sie heute gleich mitgeben.«

Eröffnung

Gute Verkäufer beginnen ein Gespräch mit folgender Formulierung: »Ich möchte mich gern über Ihre Belange informieren. Gestatten Sie mir, einige Fragen an Sie zu stellen.«

Frage

Haben Sie genug Öl?
– Der Kunde kann entweder »ja« sagen oder »ich weiß es nicht«. Im letzteren Fall hat der Tankwart die Berechtigung nachzusehen.

Frage

Wollen Sie tanken?
– Es bleibt dem Kunden überlassen, wie er antwortet.

Darf ich vollmachen?
– Eine Frage an den Kunden, die nur mit ja oder nein beantwortet werden kann.

Geschickt

Formulieren Sie Ihre Fragen geschickt, gezielt und unauffällig.

Psychologisch

»Ihr Wagen hat viele Roststellen.« Eine Suggestivformulierung. Besser als die Frage: »Benötigen Sie ein Rostschutzmittel?«

Takt

Achten Sie stets genau auf Ihre Verkaufsformulierung und prüfen Sie den »Taktgehalt«.

Vorwegnahme

Stimmt Ihr Ölstand?
– Eine direkte Frage an den Kunden, die die Antwort vorwegnimmt. Der Kunde weiß es nicht und wird unsicher. Der Tankwart schaut daraufhin nach.

Vorbereitung

Eine ausgedachte Formulierung im Gespräch ist eine wertvolle Stütze in der Geschäftsführung.

Fragen

Viele Verkäufer haben die Kunst des Fragenstellens verlernt.

Geschlossene

Verwenden Sie die geschlossene Frage, die eine positive Antwort voraussetzt.

Schweigen

Eine gezielte Frage an passender Stelle bringt manchen zum Schweigen.

Frauen

Aussagen

Viele Frauen beziehen Aussagen auf sich persönlich.

Beeinflussen

Gewinnen Sie die Frau – und Sie gewinnen auch den Mann!

Emotionell

Frauen denken nicht nur rationell, sondern mehr emotionell.

Entscheidung

Der moderne Verkäufer wird die steigende Bedeutung der Frau bei der Entscheidung von Käufen berücksichtigen müssen.

Kaufwünsche

Akzeptieren Sie die Wünsche und Meinungen der Frauen.

Hineinbeziehen

In vielen Fällen können Sie die Frauen um Rat fragen bzw. in das Gespräch einbeziehen.

Freundschaft

Gefälligkeiten

Kleine Gefälligkeiten und Aufmerksamkeiten erhalten und vertiefen die Freundschaft.

Freude

Hilfestellung

Eine menschliche Hilfestellung bringt einem selbst Freude.

Führung

Verkäufer

Der »beste Verkäufer« ist nicht immer unbedingt der beste Mann im Außendienst.

Fusionierung

Zukunft

Durch die Fusionierung mehrerer Firmen zählt jeder Kunde – er könnte morgen eine noch größere Bedeutung im Einkauf haben.

G

Gefahr

Überrumpelung

Überrumpeln Sie Ihre Kunden nie.

Gefühl

Ansprechen

Es gibt Situationen, wo Sie an das Gefühl appellieren müssen.

Gemeinsamkeiten

Ein guter Verkäufer kann seine Kontaktanbahnung durch das Herausfinden von Gemeinsamkeiten fördern.

Geschäftseröffnung

Geschenk

Denken Sie bei Neueröffnung von Geschäften an den Blumenstrauß.

Geschäftsprofit

Von Geschäften profitieren oft mehrere Menschen.

Geschenke

Gute Verkäufer schenken Kunden Aufmerksamkeiten dann, wenn sie nicht erwartet werden. Weihnachten gehen doch die meisten Geschenke im Trubel unter. Schenken Sie lieber etwas Anfang des Jahres oder bei einer anderen passenden Gelegenheit.

Freundschaft

Nicht umsonst erhalten Kinder beim Kaufmann, Friseur, Apotheker und sonstigen Einkaufsstätten Kleinigkeiten wie beispielsweise Bonbons.

Überraschung

Geschenke haben nur einen Sinn, wenn sie in Form einer Überraschung überreicht werden.

Gespräch

Anfang

Die ersten Worte eines Gespräches sind oft ausschlaggebend; entweder sie werden akzeptiert oder nicht.

Konkurrenz

Differenzieren Sie sich von Ihren Konkurrenten durch eine gute Gesprächseröffnung.

Reden

Es ist oft besser, weniger zu sagen als zuviel.

Termin

Verkaufen Sie immer zuerst den Termin, dann die Ware!

Gewinn

Ein guter Verkäufer darf nicht jedes Geschäft um jeden Preis abwikkeln, sondern sollte immer auch die Gewinnmöglichkeiten im Sinne des Unternehmers berücksichtigen.

Verschenken

Der Gewinn eines Unternehmens kann sehr schnell durch untüchtige Verkäufer verschenkt werden.

Gewohnheiten

Analyse

Studieren und analysieren Sie Ihre eigenen Gewohnheiten.

Glaube

Erfolg

Unser Glaube läßt uns siegen oder untergehen.

Glaubwürdigkeit

Mitbewerber

Viele Verkäufer sprechen nur mit einem Achselzucken über ihre Mitbewerber. Verblüffen Sie Ihre Kunden besser durch lobende Aussagen über die Vorzüge der Mitbewerber und ihre Artikel.

Grundsatz

Tue Gutes und rede nicht darüber.

Erfolg

Der Erfolg von morgen kann nur mit dem Einsatz von heute errungen werden.

H

Handeln

Sofort

Viele Tätigkeiten können sofort erledigt werden, also nicht auf die lange Bank schieben, so werden Sie mit Ihrer Arbeit viel schneller und leichter fertig werden.

Verhaltensweise

Unsere Verhaltensweise beim Kunden ist immer ausschlaggebend für den Erfolg.

Hilfsmittel

Zeitungsausschnitte, Fachpressenotizen und sonstige Informationen werden gern gesehen.

Aktentasche

Ihre Aktentasche sollte niemals weiter als eine Armlänge von Ihnen entfernt stehen.

Arbeitsmaterial

Sorgen Sie dafür, daß Sie und Ihr Arbeitsmaterial stets sauber und ansprechend aussehen.

Passende Gelegenheit

Seien Sie immer bereit, ein Verkaufsgespräch zu beginnen. Viele tausend DM sind an Aufträgen schon verloren gegangen, weil das notwendige Rüstzeug bei passender Gelegenheit nicht zur Hand war.

Geschenk

Kleine Aufmerksamkeiten wie das Mitbringen von Briefmarken, Zeitungsausschnitten usw. helfen Schranken öffnen.

Ideen

Verwenden Sie immer originelle Ideen, Humor und Schlagfertigkeit, um Ihre Verkaufsziele zu erreichen.

Richtig einsetzen

Musterware muß immer bei dem »richtigen Mann« ankommen.

Umsatzentwicklung

Umsatzentwicklungskarten und Statistiken sind gute Hilfsmittel.

Zeichnungen

Bei schwierigen Verhandlungen verwenden Sie Plakate, Skizzen, Zeichnungen usw.

Hindernisse

Möglichkeiten

Ein guter Verkäufer kennt keine Hindernisse und sucht fortwährend und überall Verkaufsmöglichkeiten.

Hobby

Erkennen

Ein spezielles Hobby auf einem Sektor hat schon manchem Menschen als Sprungbrett gedient und ganz neue Arbeitsmöglichkeiten geschaffen.

Gefahr

Vermeiden Sie das Hobby-Gespräch, wenn der Kunde nicht darauf eingeht. Mitunter ist das Hobby-Gespräch gefährlich – besonders, wenn schon viele Verkäufer das Hobby des Kunden in Erfahrung gebracht haben!

Interessengebiete

Neue Interessengebiete werden oft durch Zufall entdeckt.

Wissen

Reden Sie nur über ein Hobby, wenn Sie etwas davon verstehen, sonst machen Sie sich lächerlich.

Humor

Auflockern

Versuchen Sie, den eintönigen Alltag Ihres Verhandlungspartners mit etwas Neuem aufzulockern.

Ausnahmen

Nicht alle Menschen verstehen Humor, deshalb sollte man mit solchen Äußerungen vorsichtig sein.

Hilfsmittel

Mit Humor läßt es sich oft leichter verkaufen.

Kunde

Versuchen Sie, Ihren Kunden zum Schmunzeln zu bringen.

Witze

Vermeiden Sie Witze oder allzu schlagfertige Antworten, wenn Ihnen Ihr Gegenüber nicht bekannt ist.

Ideenverkauf

Ware

Man verkauft nicht nur Ware, sondern auch eine Idee.

Image

Aufbau

Gute Verkäufer sichern den Markt von morgen durch Service-Leistungen für ihre Kunden. Bauen Sie das Image Ihrer Firma auf, und Sie werden gewinnen.

Interesse wecken

Rarmachen

Sie sollten Ihre Ware auch rar machen, um ein größeres Interesse zu wecken.

K

Karriereplanung

Verkäufer

Es gibt viele Arten des Verkaufens. Suchen Sie die heraus, die am besten zu Ihnen persönlich paßt.

Beeinflusser

Der Lagermeister oder die Dame am Regal haben mehr Beeinflussungskraft, als man mitunter annimmt.

Entscheidung

Studieren Sie für Ihre Branche die Kaufsignale, die die Kaufbereitschaft andeuten.

Mimik

Beobachten Sie Mimik und Gestik Ihrer Kunden um die Kaufbereitschaft zu erforschen.

Vorteile

Der Kunde möchte Vorteile und kauft deshalb dort, wo er sich den größten Vorteil verspricht.

Kaufsignale

Kunden

Es ist wichtig, den Kunden genau zu beobachten – ob er Ihr Angebot schon im Geiste akzeptiert hat.

Kenntnisse

Kapital

Erworbene Kenntnisse und Fähigkeiten sind Schritte, die zum Erfolg führen.

Körpersprache

Studieren

Studieren Sie durch Beobachtungen die Körpersprache.

Komplimente

Indirekte

Die indirekte Methode, Komplimente zu machen, kommt besser an.

Konkurrenz

Bessere Produkte

Glauben Sie nicht, daß es andere Verkäufer leichter, oder, daß sie bessere Produkte zu verkaufen haben.

Verkäufer

Lassen Sie sich nicht demoralisieren durch »Erfolgsgeschichten« anderer Verkäufer.

Werbung

Analysieren Sie die Argumente und Werbeaussagen Ihrer Konkurrenten. Eine negative Werbung kann für Ihr Produkt sehr schädlich sein.

Kontakt

Verwenden Sie etwas Zeit, um mit dem Kunden über die Belange seines Geschäftes zu sprechen.

Entwickeln Sie immer einen persönlichen Kontakt zum Kunden.

Begrüßung

Eine freundliche Begrüßung ist eine wichtige Voraussetzung zur Herstellung des Kontaktes.

Freizeit

Wer in seinem Beruf Erfolg haben will, muß auch bereit sein, Freizeit für Geschäftsanbahnungen zu opfern.

Helfer

Seien Sie ein gern gesehener Helfer Ihrer Kunden.

Kunden

Wir sollten versuchen, Gemeinsamkeiten mit dem Kunden zu finden.

Mitarbeiter

Es ist nicht immer nur der Einkäufer, der entscheidet.

Verwender

Verkaufsmessen sind wichtig, um den Kontakt mit dem Verbraucher und Verwender zu vertiefen.

Ziele

Entwickeln Sie die Fähigkeit, andere Menschen im Unternehmen für Ihre Zielsetzungen einzuspannen.

Kundenakquisition

Sehen

Kunden für Ihre Produkte gibt es überall. Man muß nur die Augen aufhalten und die Chancen nützen.

Analyse

Wer nicht mit dem »richtigen Mann« spricht, wird auch selten gut verkaufen.
Je höher die Position einer Führungskraft, desto hilfsbereiter ist der Gesprächspartner.
Einkäufer sind oft ganz anders als sie sich geben. Finden Sie heraus, wie der Mensch wirklich ist.
Haben Sie für den Verkauf Ihres Produktes wirklich schon alle Möglichkeiten ausgeschöpft?

Beeinflussungsgrad

Analysieren Sie den Beeinflussungsgrad Ihres Gesprächspartners.

Aufbauen

Bauen Sie Ihren Kunden auf. Nehmen Sie auch die Ideen Ihrer Gesprächspartner ernst.

Binden

Machen Sie die Ersteinkäufe für den Kunden leicht, so daß er sich an die Dienstleistung oder Ware gewöhnt.

Einladen

Sie gewinnen oft Zeit und Aufträge, wenn Sie Kunden zum Mittagessen einladen.

Fallen

Viele Kunden werden versuchen, Ihnen durch ihre Argumentation eine Falle zu stellen. Seien Sie als Verkäufer deshalb immer auf der Hut.

Fragen

Fragen Sie den Kunden, ob Sie seinen Namen als zufriedenen Kunden weiternennen dürfen.

Frauen

Bedenken Sie immer: viele Frauen nehmen Aussagen rein persönlich und akzeptieren nicht immer die Tatsachen.

Interesse

Verfolgen Sie mit Aufmerksamkeit den Fortschritt Ihres Kunden.

Konditionen

Geben Sie dem Kunden immer das Gefühl, das äußerste an Rabatten von Ihnen erhalten zu haben.

Lob

Loben Sie den Kunden, daß er gute Umsätze mit Ihnen tätigt.

Nichtkaufende

Führen Sie ein Gespräch mit den Kunden, wo Sie noch keinen Auftrag landen konnten. Ergründen Sie die wahren Gründe des Nichtkaufens, damit Sie die Fehler abstellen können.

Schwierige

Haben Sie einen schwierigen Kunden, dann laden Sie ihn doch zum Essen ein.

Schwierige Entwicklung

Viele Verkäufer bestätigen, daß ihre besten Kunden heute diejenigen sind, mit denen sie am Anfang viel Ärger hatten.

Orientiert

Stimmen Sie Ihre Aussagen oder Ihr Produkt immer auf den Kunden ab.

Partner

Zufriedene Kunden sind Partner für künftige Geschäfte.

Ware

Lassen Sie den Kunden die Ware sehen, anfassen bzw. schmecken.

Wünsche

Einkäufer wollen natürlich das höchstmögliche in bezug auf günstige Preise, Qualitäten, Lieferungsbedingungen etc. für ihre Firma herausholen.

Zufriedene

Zufriedene Kunden können Sie als Referenz bei anderen potenten Abnehmern erwähnen.

Kunden

Wer Geschäftskontakte anbahnen will, muß dorthin gehen, wo seine Kunden sind.

Lob

Ein Lob fordert den Kunden oft heraus.

Persönlich

Der Mensch möchte gern persönlich angesprochen werden.

Kundenbesuche

Versicherung

In der Versicherungsbranche hat die Erfahrung gezeigt, daß ein Durchschnittsvertreter mindestens 20 Besuche machen muß, ehe er einen Abschluß tätigen kann. D. h. also, wenn Sie nach 19 Besuchen aufgegeben hätten, dann wäre Ihre Arbeit umsonst gewesen.

Die Erfolgsdevise lautet: WEITERMACHEN! Ausdauer bringt Erfolg – auch für Sie.

Kundendienst

Fragen

Versuchen Sie immer, die gestellten Fragen des Kunden zu beantworten. Wenn Sie das nicht sofort können, bemühen Sie sich die Information zu besorgen.

Kundenkartei

Vermerke

Eine Kundenkartei mit besonderen Vermerken macht sich immer bezahlt.

Kundenverlust

Überrumpeln

Kunden und Verhandlungspartner wollen nicht überrumpelt werden.

L

Langeweile

Gags

Verwenden Sie auch einen guten Gag nicht zu lange.

Lebensziel

Helfen

Unsere Pflicht und Aufgabe ist nicht nur die Erfüllung unseres Berufes, sondern auch anderen Menschen zu helfen.

Nicht erreicht

Es muß ein trauriger Tag sein, an dem der Mensch grauhaarig und alt sein unproduktives und sinnloses Leben rückblickend betrachtet und dann feststellt: »Ich habe aus meinem Leben doch gar nichts gemacht.«

Lehrlinge

Einkäufer

Der Lehrling von heute kann der Einkäufer von morgen sein.

Leistungsabfall

Erholung

Nach einer echten Erholung ist man leistungsfähiger und energiegeladener.

Lernen

Entspannen

Lernen Sie, sich zu entspannen.

M

Marktentwicklung

Kundenselektion

Die wirtschaftliche Entwicklung zeigt deutlich, daß die Großen immer größer werden, und die Kleinen immer kleiner.

Menge

Gefahr

Eine große Warenmenge kann den Eindruck erwecken, daß der Artikel an den Verbraucher nicht abfließt.

Optimal

Verkaufen Sie dem Kunden immer nur die optimale Menge und Sie bleiben im Geschäft.

Überdurchschnittlich

Wenn Sie überdurchschnittliche Mengen verkaufen, dann müssen Sie Mittel und Wege finden, Ihrem Kunden als Partner zu helfen.

Überfordert

Der Kunde erwartet von Ihnen, daß Sie ihm anhand Ihrer Erfahrungen immer die »optimalste Menge« verkaufen und ihn nicht überfordern.

Menschen

Spieltrieb

Sprechen Sie den Spieltrieb des Menschen an.

Ideen

Die meisten Menschen glauben mehr an ihre eigenen Ideen.

Lob

Vergessen Sie nie: viele Menschen sind sehr abhängig von der Meinung anderer.

Mensch

Zahlenvorbereitung ist wichtig – vergessen Sie aber dabei nie, den Menschen ins Kalkül zu ziehen.

Standpunkt

Viele Menschen sind von vornherein gegen einen Standpunkt, ohne selbst allerdings konkrete, positive oder alternative Vorschläge machen zu können.

Studieren

Studieren Sie die menschlichen Beziehungen in allen Lebensbereichen – und Sie gewinnen.

Tüchtigkeit

Der Mensch entzündet sich an seiner eigenen Tüchtigkeit am schnellsten.

Verständnis

Zeigen Sie Verständnis für andere Menschen – Sie gewinnen dabei!

Menschlichkeit

Fehler

Lernen Sie, Ihre Fehler zuzugeben.

Merchandising

Abverkauf

Wer groß hineinverkauft, muß auch dafür sorgen, daß der Abverkauf durch geeignetes Merchandising gewährleistet ist.

Bedarf

Durch Merchandising-Arbeit ermittelt man Bedarfslücken und kann ferner Ware für den besseren Abverkauf plazieren.

Neugierde

Eine konstruktive Arbeit im Geschäft weckt Neugierde und Interesse.

Regal

Die Ist-Situation kann man am besten am Regal ermitteln.

Methoden

Erproben

Die richtige Methode zeigt sich erst nach mehrmaligen Versuchen.

Mitarbeiterführung

Motivation

Gute Menschenführer verstehen es, Mitarbeiter richtig zu motivieren.

Wettbewerb

Fordern Sie Ihre Mitarbeiter zum Wettbewerb heraus.

N

Namenbehalten

Schwierige

Schwierige und ungewöhnliche Namen sind oft am leichtesten zu behalten.

Neukunden

Aktionen

Gute Verkäufer wissen, daß nicht alle Kunden jedesmal kaufen. Es gilt deshalb, einen Aktionsplan zu erstellen, um auf lange Sicht für sich und sein Unternehmen einen wichtigen Kunden zu gewinnen.

Nutzenbieten

Persönlich

Setzen Sie sich persönlich ein, um mit Rat und Tat Ihren Kunden von Nutzen zu sein.

O

Objektivität

Verkäufer

Kunden und Mitmenschen überhaupt schätzen die Objektivität.

Optimismus

Lebensbestand

Erfolgreiche Menschen sind lebensbejahend und verlieren nie ihren Optimismus.

Originalität

Eröffnung

Originalität in der Eröffnung des Gespräches ist eine bleibende Erinnerung für den Kunden und Verkäufer.

P

Pannen

Humor

Unvorhergesehene Pannen lassen sich oft durch eine humoristische Bemerkung überbrücken.

Pause

Kaffee

Machen Sie ruhig eine besinnliche Kaffeepause und überdenken Sie, was Sie als Nächstes tun wollen.

Persönliche Ansprache

Titel

Achten Sie besonders auf Titel, und sprechen Sie die Personen damit an.

Persönlichkeitssymbol

Anderssein

Gute Verkäufer erkennen die Notwendigkeit, sich von anderen zu »differenzieren« durch Persönlichkeitsmerkmale. Nur gutes Aussehen ist noch keine Garantie für den Erfolg im Verkauf. Ein Dialekt oder andere auffallende Eigenschaften kann man zum Vorteil verwenden. Haben Sie schon Ihr eigenes Persönlichkeitssymbol?

Persönliches Vorgehen

Differenzieren

Nutzen Sie die Ihnen gegebenen Differenzierungsmerkmale aus, um somit anders zu sein als andere.

Planung

Konzentrieren Sie sich auf Ihre wichtigsten Kunden zuerst.

Konsequenz

Bleiben Sie konsequent in Ihren Tageszielen und der vorgenommenen Planung.

Langfristige

Der Verkäufer muß sich in erster Linie nach seinem Markt orientieren und dem wichtigsten Kunden den besten Service leisten.

Neukunden

Neukundenwerbung lohnt sich immer.

Neue Wege

Verkäufer müssen bereit sein, neue Wege zu gehen in der Realisierung ihrer Verkaufsziele.

Eine Sache

Faule Menschen versuchen alles auf einmal zu machen.

Schriftlich

Notieren Sie schriftlich Ihre Tages-, Wochen-, Monats- und Jahresziele, dann sind Sie schon auf dem Wege der Realisierung.

Tagesziel

Wer sich Tagesziele setzt, verkauft mehr als der Verkäufer, der den Tag dem Zufall überläßt.

Vorsätze

Die Engländer sagen: »Der Weg zur Hölle ist mit lauter guten Vorsätzen gepflastert.«

Wissen

Ein Verkäufer muß selbst wissen, wie er seine Zeit mit der größten Efficiency einsetzen kann.

Wochenende

Planen Sie die am Montag zu erledigenden Aufgaben schon am Sonntagabend.

Ziel

Haben Sie keine Angst, sich mehr vorzunehmen als normalerweise. Viele kleine Ziele führen zu dem großen Ziel.

Positives Denken

Weitermachen

Wie trostlos und verzweifelt Sie auch sein mögen, geben Sie nicht auf, sondern kämpfen Sie weiter, und die Umstände werden sich zu Ihren Gunsten ändern.

Preis

Aufrunden

Der Preis entspricht einer runden Summe.

Erst später

Nennen Sie im Gespräch den Preis nicht zu früh, damit erst einmal der Wunsch des Besitzens geweckt wird.

Schock

Vermeiden Sie einen Preisschock, indem Sie den Preis für das Angebot detaillieren.

Produkt

Bedürfnis

Ihr Produkt sollte einem echten Bedürfnis entsprechen.

Rar machen

Die Vorstellung, ein Produkt oder eine Dienstleistung nicht zu bekommen, steigert das Verlangen danach.

Vorteile

Verkaufen auch Sie den »Duft« Ihres Produktes.

Vorzüge verkaufen

Verkaufen Sie zuerst die Vorzüge Ihres Produktes und dann erst die Rabatte.

Psychologie

Lernen

Beobachten Sie bei anderen die Anwendung psychologischer Erkenntnisse im Verkaufsprozeß.

Q

Qualität

Erprobung

Qualitäts-Produkte müssen durch »Erprobung« überzeugen.

R

Rabatte

Forderungen

Bleiben Sie hart in Ihren Forderungen und Sie gewinnen beim Kunden Respekt.

Gefahr

Glauben Sie nicht alles, was der Kunde Ihnen sagt. Er versucht oft mit allen Mitteln, das äußerste an Rabatten und Vergünstigungen von Ihnen herauszuholen.

Gegenleistung

Erwarten Sie für die Rabatte stets eine Gegenleistung.

Ratfragen

Lohnt sich

Menschen sind meistens gern bereit, Ihnen Auskunft oder einen Rat zu geben. Lernen Sie die Kunst, um Rat zu fragen.

Rechthaberei

Verkauf

Wenn Sie meinen, ein Argument gewonnen zu haben, kann es passieren, daß der Kunde trotzdem nicht kauft.

Reden

Frei sprechen

Nutzen Sie jede Gelegenheit, frei zu sprechen. Sie heben sich so aus der Masse heraus.

Kursus

Besuchen Sie einen Rednerkursus und werden Sie freier.

Voraussetzung

Die Kunst, reden zu können, ist eine wichtige Voraussetzung für den Erfolg.

Redetechnik

Sätze

Kurze Sätze sind leichter verständlich als lange.

Referenzen

Fragen

Bitten Sie Kunden, ob potentielle neue Kunden sich auch telefonisch rückversichern dürfen.
Einige Kunden sind sogar bereit, für Sie Termine für einen evtl. Besuch bei Ihren Freunden telefonisch zu arrangieren.

Sammeln

Nennen Sie Namen anderer, die sich ebenfalls schon für diese Idee oder Produkte begeistert haben.

Reklamation

Ausreden

Es ist klug, den Kunden ausreden zu lassen. Ermutigen Sie ihn, »Dampf abzulassen.«

Türöffner

Reklamationserledigungen öffnen meistens die Tür zu größeren Aufträgen.

Wegbereiter

Reklamationserledigungen sind oft Wegbereiter für künftige Freundschaften.

Zugestehen

Seien Sie bereit, Ihre und die Fehler der Firma zuzugestehen, und unternehmen Sie dann entsprechende Korrekturmaßnahmen.

Zuhören

Hören Sie sich Reklamationen in Ruhe an.

Repräsentant

Verkäufer

Sie sind nicht nur Vertreter, sondern Repräsentant Ihrer Firma.

Respekt

Macht

Unterschätzen Sie niemals die Macht, die andere Menschen ausüben können.

Richtige Firma

Einkaufen

Ein Verkäufer muß erst selbst das richtige Produkt »einkaufen«.

Rollenspiel

Verkaufen

Shakespeare sagte schon: Das Leben ist eine Bühne und wir sind die Spieler.

Routine

Gefahr

Bedingt durch die Macht der Gewohnheit und ständige Wiederholung von Tatsachen in einer Sprache kann die Ausführung sehr leicht zur Routine werden.

Neues

Ganz neue Verkaufsmethoden anwenden.

S

Sammeln

Bemerkungen

Sammeln Sie schlagfertige Bemerkungen, die auch für andere Situationen verwandt werden können.

Empfehlungen

Lassen Sie sich Empfehlungsschreiben von zufriedenen Kunden geben.

Formulierungen

Ein Anstoß für eine gute Formulierung stammt oft vom Kunden selbst. Achten Sie darauf.

Verkaufsideeen

Seien Sie immer auf der Suche nach neuen Verkaufsideen.

Schlechtes Gewissen

Antriebskraft

Das schlechte Gewissen gibt dem Verkäufer große Antriebskraft und bringt Erfolge, sobald er seine Arbeit mit neuem Elan beginnt, nach der Bummel-Pause!

Schwarzer Tag

Von Zeit zu Zeit

Überlegen Sie, wie viele Vorteile der Verkäufer-Beruf bietet.

Was tun?

Es ist vorteilhafter, sich an depressiven Tagen zu entspannen.

Schweigen

Information

Verkäufer sehen und hören sehr viel Interessantes. Lernen Sie schweigen, und Sie werden bei Ihren Kunden an Respekt gewinnen.

Selbstkontrolle

Fähigkeiten

Talente und Fähigkeiten werden oft durch Zufall entdeckt.

Gespräch

Analysieren Sie nach jedem erfolgreichen Gespräch die Hauptgründe für Ihren Erfolg. Erfolge lassen sich dann leichter wiederholen.

Kundenbesuche

Analysieren Sie genau, ob Sie auch heute noch die »richtigen Kunden« besuchen.

Takt

Gewinnen Sie durch Ihr Taktgefühl. Überlegen Sie genau, welche Manieren oder Eigenheiten Sie an sich haben, die den anderen stören könnten.

Umstände

Im Verkaufen gibt es sehr viele Umstände und Faktoren, die eine wesentliche Rolle spielen – diese müssen wir immer erst analysieren.

Umwelt

Die Umweltbedingungen spielen auch im Verkauf eine beachtliche Rolle. Deshalb untersuchen Sie sie genau.

Selbstmotivation

Arbeit

Jeder Mensch kann viel mehr, als er oft selber denkt.

Entmutigen

Nicht jedes Produkt läßt sich gleich leicht verkaufen. Deshalb soll man sich nicht sofort entmutigen lassen.

Formel

Eine Selbstmotivations-Formel: »Der nächste Kunde kauft bestimmt«.

Formel

Ich muß, ich will, ich kann.

Formel

»Tue es gleich« – ein wichtiger Slogan.

Formel

Denken Sie immer daran: Wer nicht mit der Zeit geht, geht mit der Zeit.

Formel

Glauben Sie an den Erfolg und begeistern Sie andere.

Gespräche

Verwenden Sie Aufmunterungsgespräche, z. B. die Formulierung »Ich muß, ich will, ich kann« oder »Der nächste Kunde kauft bestimmt«.

Hilfsmittel

»Handele begeistert und Du wirst begeistert sein«. (Frank Bettgor).

Persönlichkeit

Akzeptieren Sie sich selbst zuerst und bauen Sie Ihre Persönlichkeit auf.

Schicksalschläge

Wer weiterkämpft, wird Schicksalschläge zu seinem Vorteil wandeln können.

Verkäufer

Dr. Vincent Peale sagt mit Recht: »Du bist stärker als du denkst!«

Verkaufen

Verkaufen gehört manchmal zu den schönsten Berufen, die es gibt – darüber muß man sich im klaren sein.

Verkauf

Bedenken Sie: Jeder ist schließlich ein Verkäufer!

Weitermachen

Geben Sie niemals auf, der große Auftrag kann schon im nächsten Geschäft auf Sie warten.

Ziel

Wiederholen Sie sich während des Tages das vorgenommene Ziel.

Selbstvertrauen

Aufbauen

Es gibt nichts Schöneres als Menschen aufzubauen und ihnen Selbstvertrauen zu geben.

Kunden

Viele Einkäufer und Kunden leiden unter Minderwertigkeitskomplexen. Bedenken Sie das immer bei Verhandlungen. Bauen Sie den Kunden dann besser auf.

Qualität

Qualitäts-Produkte können mit mehr Selbstvertrauen verkauft werden.

Service

Abverkauf

Ein guter Abverkauf beim Kunden ist immer der Schritt zum nächsten Auftrag.

Kunde

Seien Sie für Ihre Kunden »Freund und Helfer«.

Kunden

Zufriedene Kunden werden Sie weiterempfehlen und sich für Sie persönlich engagieren.

Kunden

Sagen oder zeigen Sie dem Kunden, daß Sie sich für ihn einsetzen.

Investition

Hilfsbereitschaft, die Sie heute investieren, macht sich später bezahlt.

Umweg

Scheuen Sie sich nicht, noch den kleinen Umweg zu machen, der oft doch nur wenige Minuten dauert.

Verwendung

Geben Sie immer Verwendungsratschläge.

Sinne

Gute Geschäftsleute und Verkäufer sprechen die Sinnesorgane an.

Sonderangebote

Kunden

Kunden sind meistens auf der Suche nach Sonderangeboten.

Lockmittel

Sonderangebote mit geschickter Herausstellung sind gute Lockmittel, um die Kundenfrequenz eines Geschäftes zu erhöhen.

Sprechen

Aussage

Verwenden Sie möglichst kurze, klare Aussagen.

Kurzfassen

Die größten Wahrheiten dieser Welt sind meistens in kurzer Form gesagt worden.

Standort

Gespräch

Der Kunde konzentriert sich auf das besprochene Produkt besser am Ort des Verkaufs.

Stil

Im Verkauf

Seien Sie kein 08/15-Verkäufer, sondern entwickeln Sie Ihren eigenen Stil.

Strategie

Einkäufer

Einem angestellten Einkäufer muß man sagen, daß man selber angestellt ist.

Erarbeiten

Erarbeiten Sie eine wiederholbare Erfolgs-Strategie.

Gesprächsaufhänger

Halten Sie immer die Augen offen, um entsprechende Gesprächsaufhänger für Ihre Gesprächsführung zu finden.

Gratulieren

Gratulieren Sie dem Kunden zu seinem Erfolg.

Kundeninteresse

Es heißt nicht umsonst, versetze dich in die Lage des Kunden.

Kundensicht

Sehen Sie die Situation nicht nur aus Ihrer Sicht, sondern auch aus der Sicht des Kunden.

Motivation

Fordern Sie die Mitarbeiter persönlich zum Wettbewerb heraus.

Nicht verkaufen

Es überrascht oft, wenn Sie sagen, daß Sie nicht verkaufen wollen.

Schwache Stelle

Bedenken Sie immer: Jeder Kunde hat eine schwache Stelle.

Vorschläge

»Ich mache es meistens so, daß ich um drei Vorschläge bitte, wie man es besser machen könnte. Meistens bringen es diese Menschen nicht einmal zu einem Vorschlag.«

Studieren

Anzeigen

Heute wird Kreativität verlangt. Studieren Sie Anzeigen, um Ihre Phantasie anzuregen.

Biographien

Lesen Sie die Biographien erfolgreicher Männer und Frauen, um daraus zu lernen.

Mimik

Studieren Sie Mimik und Gestik, um Ihre Bewegungen in Einklang mit dem gesprochenen Wort zu bringen.

T

Talente

Verkäufer

Der Mensch muß die von Gott gegebenen Talente nutzen, zum Vorteil seiner Mitmenschen und für sein eigenes Wohlergehen.

Takt

Höflichkeit

Von einem Geschäftsinhaber oder Einkäufer erwartet man wenigstens Höflichkeit.

Sympathie

Verwenden Sie viel Taktgefühl, um somit Sympathie zu gewinnen.

Teamarbeit

Brainstorming

Verwenden Sie im Kollegenkreis das Brain-Storming-Verfahren, um möglichst eine Vielzahl von Anregungen zu erhalten.

Techniken

Anwenden

Eine erprobte Verkaufstechnik sollte man systematisch anwenden.

Aufforderung

Stellen Sie Fragen, und fordern Sie den Kunden zum Handeln auf.

Überraschungen

Die Überraschungstaktik lohnt sich!

Weitermachen

Lassen Sie sich nicht entmutigen, wenn der Kunde anfangs mit Ihrer Ware nicht einverstanden ist.

Telefon

Abwimmeln

Fragen Sie am Telefon niemals, ob Sie mit dem Geschäftsführer sprechen können; denn meistens erhalten Sie die Gegenfrage »In welcher Angelegenheit?«

Telegrammstil

Zeit

Je weniger Zeit die Kunden haben, desto mehr sind Sie gezwungen, im Telegrammstil zu sprechen.

Titelansprache

Direktor

Die Österreicher sagen z. B.: »Herr Direktor«, »Gnädige Frau« usw.

Training

Fragen

Nehmen Sie sich vor, schon morgen mehr Fragen an die Kunden zu stellen.

Konzentration

Auch der Karate-Experte muß dauernd trainieren, damit es ihm gelingt, seine Kräfte zu mobilisieren.

Tun

Notieren

Notieren Sie auch die Idee anderer. Nehmen Sie ihre Anregungen und Vorschläge ernst.

Ideen

Es lohnt sich immer, gute Ideen zu notieren, um sie bei Kundengesprächen noch zielgerechter einzusetzen.

Tun als ob

Handeln

Handeln Sie immer so, als ob gar kein Zweifel bestünde, daß der Kunde mehr kaufen wird.

Methode

Sie überreichen die Ware, ohne lange zu fragen und setzen als selbstverständlich voraus, daß der Kunde kaufen wollte.

Türöffner

Gespräch

Ein außergewöhnliches Gespräch oder Interessengebiet öffnet Türen auch für den nächsten Besuch.

U

Üben

Konzentration

Zwingen Sie sich zu Konzentrationsübungen.

Schlagfertigkeit

Schlagfertigkeit ist eine Geheimwaffe für Verkäufer.

Überzeugung

Ware

Seien Sie von der Qualität Ihrer Ware überzeugt, und wenn notwendig, liefern Sie sie im neuen Kleid.

Umsätze

Abschlußtechnik

Viele Verkäufer könnten ihre Umsätze wesentlich verbessern, wenn Sie ihre Abschlußtechniken vervollkommnen würden.

Understatement

Ware

Wenn Sie Ihre Ware selbst schlecht machen, glaubt selten jemand, daß sie es wirklich ist.

Unternehmerisch

Denken

Denken Sie im Sinne der Firma und unternehmerisch, um damit auch Ihre eigene Existenz zu sichern.

Unterbrechungen

Zeit

Gerade in der heutigen Zeit gibt es sehr viele Unterbrechungen (Telefon, Kunden usw.), die Zeit und Aufmerksamkeit des Kunden kosten – es ist schwer, einmal neu anfangen zu müssen.

V

Verabschiedung

Bedenken

Eine alte Verkäuferweisheit: Sobald Sie den Auftrag erhalten haben, verabschieden Sie sich so schnell wie möglich, damit Rückfragen oder Bedenken des Kunden nicht auftreten können.

Verbraucher

Entscheidung

Viele Verbraucher wissen nicht genau, was sie kaufen wollen.

Verblüffung

Eröffnung

Verblüffende Eröffnungssätze erringen den höchsten Aufmerksamkeitsgrad und erleichtern den »Eingang«.

Vergangenheit

Leben

Leben Sie nicht in der Vergangenheit, sondern greifen Sie mit beiden Händen nach der Zukunft.

Vergünstigungen

Kunde

Der Kunde möchte oft etwas umsonst: Er möchte immer das Gefühl haben, daß er ein gutes Geschäft gemacht hat.

Verhaltensregeln

Manieren

Gute Manieren und Höflichkeit sind unerläßlich für den guten Verkäufer.

Telefon

Wenn das Telefon beim Kunden klingelt, gehen Sie lieber aus dem Zimmer hinaus.

Verhandeln

Diplomatie

Üben Sie sich in der Kunst des diplomatischen Nachgebens, statt nur immer auf der Attacke zu reiten.

Fragetechnik

Die Fragetechnik ist ein gewinnbringendes Verhandlungsinstrument.

Gleichberechtigt

Versuchen Sie, mit dem Kunden als gleichberechtigten Partner zu verhandeln.

Schlagfertigkeit

Viele Situationen, die zuerst negativ scheinen, können durch schlagfertige Bemerkungen in das Positive umgewandelt werden.

Spielraum

Es lohnt sich immer, mit einem höheren Betrag zu beginnen, damit ein Verhandlungsspielraum gewährleistet ist. Der Kunde entscheidet sich oft für die geringere Geldausgabe.

Understatement

Bringen Sie jedoch nie Ihren Gesprächspartner in Verlegenheit, sondern lassen Sie die Bemerkung gegen sich selber sprechen.

Verkäufer

Beste

Der Durchschnittsverkäufer, der konsequent und regelmäßig steigende Umsätze bringt, ist das Fundament für fortschrittliche Firmen.

Einkäufer

Vermeiden Sie die krassen Unterschiede zwischen Verkäufer-/Einkäufer-Situationen. Treten Sie vielmehr als Freund und Berater des Kunden auf.

Einwände

Viele Einwände kommen oft vom Verkäufer selbst.

Führungskraft

Ein hervorragender Verkäufer ist nicht unbedingt eine gute Führungskraft.

Gute

Gute Verkäufer sichern ihre und die Zukunft der Firma durch das kaufmännische und unternehmerische Denken.

Hochdruck

Hochdruckverkäufer verlieren beim Kunden schnell an Glaubwürdigkeit.

Innendienst

Verkäufer sind meistens keine Innendienstmenschen.

Lehre

Der Verkäufer hat die längste Lehre – er lernt nie aus!

Talent

Eine Akquisitionsaufgabe liegt vielen Verkäufern mehr als eine planende und führende Aufgabe.

Verkaufen

Alter

Verkäufer, die Erfolgswillen besitzen, können bis ins späte Alter erfolgreich verkaufen.

Analyse

Analysieren Sie die Vorzüge Ihres Produktes, um somit die Verkaufschancen zu erhöhen.

Bildlich

Die Chinesen sagen: »Ein Bild sagt mehr aus als 1000 Worte«.

Bildlich

Visualisieren Sie Ihre Aussagen so weit wie möglich.

Fehler

Sobald Sie die Materie sehr gut beherrschen, besteht die Gefahr, daß Sie zu wenig Fragen an Ihre Kunden stellen, um sie ins Gespräch hineinzuführen.

Formell

Verkaufen Sie erst Vertrauen, und dann die Ware!

Grundsatz

Ehrlichkeit und Aufrichtigkeit im Verkauf macht sich immer bezahlt.

Konkurrenz

Beachten Sie die Verkaufstechniken Ihrer Konkurrenten.

Kundensicht

Denken Sie aus der Sicht des Kunden – und Sie werden gewinnen!

Rechthaberei

Ein Verkäufer muß nicht immer recht haben.

Standpunkt

Jeder Standpunkt sieht von einer anderen Warte anders aus.

Techniken

Erfolgreiches Verkaufen heißt Techniken anwenden.

Verkaufsförderung

Viele verkaufsfördernde Maßnahmen kosten doch gar nicht viel Geld. Erforderlich ist nur eine gute Idee und die dazugehörige Mühe.

Verkaufsgespräch

Flexibilität

Lernen Sie Ihre Verkaufsgespräche niemals auswendig, sondern passen Sie das Gespräch immer der jeweiligen Situation unter Berücksichtigung des Gesprächspartners an.

Führen

Wer im Verkaufsgespräch Fragen stellt, führt das Gespräch.

Gemeinsamkeiten

Bemühen Sie sich, Gemeinsamkeiten herauszustellen (z. B.: Sie sind beide Angestellte).

Neuer Dreh

Überlegen Sie jetzt einen »neuen Dreh« für Ihr Verkaufsgespräch.

Phantasie

Führen Sie Ihr Verkaufsgespräch mit Phantasie.

Verkaufsideen

Kunden

Verbraucher und Kunden liefern Ihnen oft unbewußt Verkaufsideen, die Sie einsetzen können.

Verkaufstechnik

Konzentration

Verkaufserfolge kommen nicht von ungefähr; sie bedeuten meistens »Macht der Konzentration«.

Verkaufstraining

Gespräche

Üben Sie Ihre eigenen Verkaufsgespräche auf einem Bein stehend – die Beine aber nicht wechseln!

Konzentration

Wer besser sein möchte, muß die Fähigkeit, sich zu konzentrieren, immer wieder üben und lernen.

Versicherungsverkauf

Anzeigen

Analysieren Sie Anzeigen aus der Presse, und suchen Sie Motive, die beim Kunden-Verkaufsgespräch ansprechen.

Verständnis

Fähigkeiten

Bauen Sie den Kunden auf und erkennen Sie seine Fähigkeiten an; denn viele Einkäufer meinen, daß Verkäufer viel weniger arbeiten müssen als sie.

Verstehen

Kunden

Viele Verkäufer kennen ihre Produkte so gut, daß sie oft annehmen, daß der Kunde ebenfalls über sie informiert ist.

Wörter

Wörter haben verschiedene Aussagen, und oft versteht der Zuhörer den anderen Begriff.

Verteilen

Namenskarten

Verteilen Sie Namenskarten mit Ihrer Telefon-Nummer und Adresse. (Verkaufen müssen Sie aber trotzdem.)

Vertrauen

Aufträge

Wer Vertrauen gewinnt, gewinnt auch schneller den Auftrag.

Ehrlichkeit

Kunden schätzen immer eine ehrliche Beratung.

Fragen

Geben Sie zu, wenn Sie eine spezielle Frage nicht beantworten können, schließlich weiß niemand alles.

Gewinnen (wie)

Die kleinen Dinge im Leben spielen oft eine große Rolle.

Gleichberechtigt

Versuchen Sie eine Gesprächsplattform auf gleicher Höhe zu erreichen. Sehen Sie Ihre Kunden als gleichberechtigte Partner an.

Hochdruck

Setzen Sie sich in ein Boot mit dem Kunden, und er wird merken, daß sie kein Hochdruckverkäufer sind.

Kunde

Es sind oft »die kleinen Sachen«, die ausschlaggebend sind.

Sortiment

Versuchen Sie nicht, alle Artikel im Sortiment zu loben, sondern raten Sie dem Kunden in manchen Fällen ruhig von einem Kauf ab. Er wird es schätzen.

Verständnis

Viele Menschen müssen sich ihrer Probleme entledigen. Wenn Sie Verständnis dafür zeigen, sind Sie als Gesprächspartner immer willkommen.

Vorbereitung

Versuchen Sie Ihr Verkaufsgespräch so weit wie möglich mit neuen Vorschlägen zu schmücken.

Vorbereitung

Erkennen Sie schon vor dem Besuch die zu erwartenden Schwierigkeiten, und erarbeiten Sie Lösungsmöglichkeiten.

Ausgangsposition

Wer besser informiert ist, hat immer die stärkere Ausgangsposition. Früher sagte man: Wissen ist Macht. – Ich glaube, daß eine moderne Parole unserer Zeit folgendermaßen heißen sollte: Vorauswissen ist Macht.

Eröffnung

Der gute Verkäufer entwickelt einige Standard-Eröffnungsätze, die er bei passender Gelegenheit anwenden kann.

Gespräch

Planen Sie Ihr Verkaufsgespräch bei schwierigen Kunden schon im voraus.

Gesprächseröffnungen

Analysieren Sie Ihre Gesprächseröffnungen und streichen Sie unwesentliche Wörter.

Ideen

Die Inder sagen: Wer einen Tiger töten will, muß ihn schon im Geiste töten. Deshalb ist die richtige Planung ein so wichtiges Hilfsmittel gegen Depressionen.

Ist-Zustand

Ermitteln Sie erst den Ist-Zustand, bevor Sie verkaufen.

Personenbezogen

Nicht nur über Einkaufssituation und Umsatz, sondern auch über die Menschen müssen Sie informiert sein.

Produkte

Erarbeiten Sie eine Liste mit den Vorzügen und Nachteilen der einzelnen Konkurrenzprodukte.

Produkt

Besprechen Sie Ihre Produkte mit anderen, um eine Beurteilung zu erhalten.

Sorgfältige

Gewinnen Sie Kundenvertrauen durch eine sorgfältige Analyse der Probleme. Die investierte Zeit macht sich bezahlt.

Vorinformation

Die Vorinformation ist ein wichtiger Schritt für ein Gespräch mit dem Einkäufer.

Vorgänger

Positiv

Sprechen Sie über Ihren Vorgänger »positiv«.

Vorgehen

Kundenprobleme

Entwickeln Sie Verkaufsgespräche, die die Kundenprobleme mit einbeziehen.

Vorinformation

Ein guter Verkäufer bemüht sich, so viele Informationen wie möglich über den Einkäufer, die Einkaufsbeeinflusser, die Firma und Konkurrenzsituation bei dem Kunden zu bekommen. Er muß alle erdenklichen Quellen ausschöpfen, um geeignete Informationen zu erhalten. Es gibt nämlich mehrere Quellen – ein Telefongespräch, eine schriftliche Auskunft, einen Mitarbeiter, die Konkurrenz, das Nachbargeschäft oder einen Passanten.

Bezirk

Bevor Sie einen neuen Bezirk übernehmen, fragen Sie Ihren Vorgänger über Kunden.

Rangstellung

Finden Sie vor dem Besuch des Kunden die Position bzw. Rangstellung Ihres Gesprächspartners heraus, um ihm die entsprechende Bedeutung zukommen lassen zu können.

Vorstellung

Name

Nennen Sie bei der Vorstellung klar und deutlich den Namen der Firma, die Sie repräsentieren.

Vorzimmer

Der Vorverkauf beginnt schon bei der Empfangsdame.

W

Wahrheit

Gewinnen

Gewinnen Sie Achtung, indem Sie die Wahrheit sagen.

Meinungen

Über Geschmack läßt sich streiten. Ein Humorist hat einmal gesagt: »Es gibt drei Wahrheiten – seine, deine und die Wahrheit«.

Meinung

Auch einem Kunden muß man manchmal die Meinung sagen, wenn er unverschämt wird.

Wann

Die Wahrheit lohnt sich immer, auch wenn es mitunter schwer fällt.

Warnung

Kurzfristiger Erfolg

Schnelle Geschäfte sichern nicht immer den Erfolg.

Weiterbildung

Fachidioten

Verkäufer können sehr leicht »Fachidioten« werden. Die heutige Zeit verlangt Flexibilität.

Lesen

Am Wochenende ein Fachbuch.

Lesen

Lesen Sie jeden Tag eine gute Tageszeitung.

Pausen

Nutzen Sie die täglichen Pausen, um Tageszeitungen und Fachzeitschriften zu lesen.

Weitermachen

Kunden

Denken Sie immer daran, aus kleinen Kunden können später größere Kunden werden.

Werbung

Eine bekannte kosmetische Firma hat beispielsweise ihr Parfüm in die Druckfarbe mischen lassen. Diese Anzeige erschien in einer duftenden Tageszeitung. Die Resonanz auf diese Anzeige war besonders gut, und manche Kunden eilten zur nächsten Parfümerie.

Wissen

Allgemein

Eignen Sie sich ein gutes Allgemeinwissen an, das Anknüpfungspunkt für viele Gespräche sein kann.

Beratung

Es gehört zu einer echten Beratung, informiert zu sein über die Konkurrenzartikel, ihre Vor- und Nachteile sowie besondere Merkmale.

Hobby

Nutzen Sie Ihre Kenntnisse, Hobbys und Interessen, um Kunden zu gewinnen und zu interessieren.

Ware

Ein Verkäufer muß mehr über seine Ware wissen als der Kunde.

Wissen

Entscheiden Sie sich für ein zusätzliches, nicht in Ihre Arbeit fallendes Wissensgebiet.

Was

Es gibt viele Weiterbildungs-Möglichkeiten für den Verkäufer heute. Diese sollte er ausnutzen. Wer nicht ständig weitertrainiert, wird auf der Strecke bleiben.

Wörter

Bedeutung

Eine neue Wissenschaft, die Semantik, befaßt sich mit der genauen Bedeutung von Wörtern.

Wortbilder

Malen

Malen Sie die künftige Situation so aus, daß sie in der Vorstellung des Kunden die Aktualität der neuen Situation geistig aufrunden.

Z

Zeit

Gewinnung

Zeit können Sie nur durch gute Planung und Vorbereitung gewinnen.

Zeitausnützung

Zwischendurch

Es gibt für den Verkäufer viele Gelegenheiten, sich zu entspannen, z. B. im Wartezimmer, in der Mittagsstunde oder auf einem Rastplatz.

Zeitersparnis

Beginn

Beginnen Sie frühzeitig, um dadurch Ihre Erfolgschancen zu erhöhen.

Beim Kunden

Zeigen Sie dem Kunden ruhig, daß auch Sie es eilig haben und ihn daher nicht lange aufhalten werden – sonst glaubt er es nicht.

Reden

Wenn Verkäufer weniger reden würden, wäre es möglich, mehr Kunden zu besuchen!

Weiterbilden

Verwerten Sie die Warte- und Pausezeiten für die weitere Eigenbildung.

Ziel

Machen Sie den Kunden zum Partner.

Ziel

Versuchen Sie, eine kleine Zusage zu erreichen, um somit auch größere gewinnen zu können.

Lernen

Lernen Sie von Besseren, und eifern Sie ihnen nach.

Neue

Wir müssen unsere Erfolge besonders beachten, um sie zielgerecht und noch wirksamer einzusetzen, denn Erfolg bringt weitere Erfolge.

Rationell

Der Verkäufer muß seine Zeit und Mühe rationell einsetzen.

Realität

Leben Sie nicht in einer Phantasiewelt, sondern akzeptieren Sie die Realitäten, und Sie haben es leichter.

Zielsetzung

Ausdauer

Hartnäckigkeit in der Zielverfolgung, Ausdauer und Geduld bringen Erfolge.

Kundenbetreuung

Ein kleines Geschäft und gute Kundenbetreuung führt meistens zu größeren und lukrativeren Geschäften.

Langfristig

Heute zählt mehr denn je der langfristige Erfolg. Bauen Sie deshalb Ihre Erfolge für morgen auf.

Zitate

Die Engländer sagen mit Recht, daß nicht immer wichtig ist, was man weiß, sondern wen man kennt.

Ideen muß man haben!

Wer seinen Kunden mehr bietet als nur Ware, bleibt!

Tue Gutes und sprich nicht darüber – andere werden es tun.

Eine prägnante oder treffende Formulierung sagt oft mehr aus als manche lange Rede.

Treue Kunden sind das Kapital jedes Verkäufers.

Gute Verhandler haben keine Angst, große Mengen anzubieten.

Ein gutes Ziel ist besser als viele kleine.

Schreiben Sie auf einen Zettel lieber eine Aufgabe, die Sie ausführen wollen, anstatt drei, die Sie nicht ausführen.

Wer fragt – der führt.

Sobald der Verhandlungspartner zu höflich ist, seien Sie auf der Hut.

Man soll immer die Wahrheit sagen, aber man braucht nicht immer die Wahrheit zu sagen! (unbekannt)

Ein indisches Sprichwort sagt: »Lerne, als ob Du ewig leben würdest«.

Zuhören

Lernen

Wer zuhört, lernt auch viel mehr.

Lohnt sich

Es lohnt sich, gut zuzuhören.

Probleme

Viele Gesprächspartner schätzen es, wenn Sie Verständnis für ihre Probleme zeigen.

Vorschlag

Es ist eine gute Taktik, Menschen anzuhören und sie dann aufzufordern, einen positiven Vorschlag zu unterbreiten.

Zusage

Ja-Stimmung

Versuchen Sie immer, die Kunden in die Ja-Stimmung zu bekommen.

Anhang

Verkäuferleitsätze zur Selbstmotivation

Alt werden
Ansporn
Ärger
Arbeit
Arbeiten
Arbeitstechnik
Argumentation

Begeisterung
Beratung
Berühmtheit
Beruf
Besser sein

Charakter
Chef

Delegation
Dynamik

Ein Grundgesetz
Einkäufer
Einsatz
Einsamkeit
Einstellung
Einwände
Entscheidungen
Entschlossenheit
Entspannung
Erfolg
Erfolgsleiter
Erfolgsregel
Ermutigung
Eröffnung
Erzählen

Fähigkeiten
Faulheit
Fehler
Fischen
Flucht
Fragen
Fragetechnik
Freiheit
Freizeit
Freund
Freunde
Freundlichkeit
Führen
Führung
Führungskraft
Furcht

Geduld
Geld
Genie
Gesundheit
Gewinn
Gewissen

Alt werden

Habe keine Angst –
denn jeder muß diesen Weg gehen!

Ansporn

Es ist schlimmer, wenn man will
und nicht kann, als wenn man kann
und nicht will!

Ärger

Ärgere Dich nicht –
Ärgere lieber die anderen.

Arbeit

Nur was Du glaubst und tust,
kann Wirklichkeit werden.

Leben bedeutet Veränderung;
Veränderung bedeutet tun.

Kenntnisse kann man weitergeben,
aber den Willen zur Arbeit nicht.

Harte Arbeit im Verkauf ist nicht
immer der einzige Gradmesser für
den Erfolg. Das Durchdenken von
Verkaufsideen ist heute noch wichtiger.

Der Glückliche arbeitet;
der Unglückliche grübelt.

Neue Ideen anzuhören ist die beste Methode, sich von der eigenen Arbeit fernzuhalten.

Wer am Freitag fix und fertig ist, sollte am Montag fertig und fix sein.

Arbeiten

Wer im Büro sitzt, ist nicht immer da! Wer da ist, ist nicht immer im Büro.

Beim Arbeiten ist es wie beim Fußballspielen; es gibt meistens mehr Zuschauer als Spieler.

Arbeiten heißt das tun, was man oft ungern tut, um Geld und Zeit zu haben für das, was man gern tut.

Arbeitstechnik

Was noch nicht zu Ende geführt ist, ist wie noch nicht begonnen!

Vor lauter Hektik kommen viele nicht zur Taktik.

Mache eine Checkliste zur Gewohnheit und Deine Arbeit wird leichter.

Nur wer ständig arbeitet und weiterbohrt findet eines Tages die Quelle. Faule träumen nur davon.

Es gibt Menschen, die schreiben viele Ideen auf, anstatt eine Idee zu Ende zu führen.

Wer nur eine Sache zur Zeit erledigt, schafft mehr.

Nutze nicht erst den Tag, sondern bereits die Stunde!

Laß andere Menschen an Deinen Ideen und Gedanken mit hobeln und feilen, so findest Du schneller den richtigen Weg.

Argumentation

Nicht was wir meinen, sondern was zählt ist wichtig.

Begeisterung

Die Begeisterung beim Verkäufer ist die Prise Salz beim Ei.

Beratung

Der Optimist blickt nach oben
Der Pessimist nach unten.

Berühmtheit

Berühmt sind Sie, wenn andere über Sie sprechen und schreiben.
Das kann Ihnen allerdings auch passieren, ohne daß Sie berühmt sind!

Beruf

Den schönsten Beruf hat meistens
nur der andere!

Das Wichtigste im Beruf ist der Ruf.

Besser sein

Wer überholen will, muß besser sein.

Charakter

Geld verdirbt den Charakter heißt es.
Das stimmt nicht, denn Geld wirkt sich
nur dort verderblich aus,
wo ohnehin kein Charakter vorhanden ist.

Chef

Erkenne die Ziele deines Chefs
und du zielst richtig.

Delegation

Arbeit ist leichter zu delegieren
als Denken.

Wer alles selber macht, macht es nicht lang.

Früher machte der Kluge alles selbst,
heute macht es der Dumme.

Dynamik

Manche Menschen können schlecht zwischen
Hektik und Dynamik unterscheiden.

Ein Grundgesetz

Dein Denken zieht sein stoffliches Gegenbild an sich.
(Mulford)

Einkäufer

Die meisten Einkäufer wissen gar nicht, wie schwer der Verkäuferberuf ist.

Einsatz

Der Erfolg von morgen kann nur mit dem Einsatz von heute vorbereitet und errungen werden.

Einsamkeit

Auch wer alleine ist, braucht nicht einsam zu sein.

Einstellung

Wer die Theorie nicht beherrscht, schwört auf die Praxis.

Einwände

Wenn Kunden Einwände bringen, meinen sie meistens: »Bitte, sagen Sie mir mehr«, deshalb sollte man nie zu früh mit dem Verkauf aufgeben.

Einwände

Auf eine schnelle Frage soll man
langsam antworten.

Entscheidungen

Eine schnelle Entscheidung ist besser
als keine.

Entschlossenheit

Entschlußlosigkeit ist der
schlimmste Zustand.

Entspannung

Wenn man sich entspannen sollte,
fehlt meistens ein Bett!

Um richtig arbeiten zu können,
muß man auch faulenzen können.

Erfolgreiche Menschen, die erfolgreich
bleiben wollen, müssen lernen, sich
zu entspannen.

Ohne Spannung, keine richtige
Entspannung.

Erfolg

Der kleine Erfolg ist der Weg
zu größeren Erfolgen.

Nur wer im Leben ständig weiterkämpft,
siegt.
Wenn Sie im Leben vorwärtskommen wollen,
müssen Sie manchmal zurückgehen.

Erfolg ist, wenn andere Menschen
an Sie glauben.

Echter Erfolg bringt Freude.

Zum Erfolg brauchen Sie die Hilfe
der anderen.

Man muß die richtige Sache an den richtigen
Mann zur richtigen Zeit bringen.

Der Mensch ist für den Erfolg programmiert,
sobald er sich für ein Programm entschieden hat.

Erfolg

Nütze den Tag – ein großes Erfolgsgeheimnis.

Ziel, Ausdauer, Konsequenz und Glauben
sind die Hilfsmittel für den Erfolgsweg.

Wer die Kunst des Vordrängelns beherrscht,
ist heute erfolgreicher.

Erfolgsformel für den Verkauf:
Lange Jahre habe ich nach einer magischen
Verkaufsformel gesucht, heute kenne ich sie:
harte Arbeit!

Erfolg ist wie das Baumklettern –
wenn man den ersten Zweig in der Hand
hat, erreicht man bald die Spitze.

Mehr Menschen sind durch harte Arbeit
als durch Begabung erfolgreich.

Wer Erfolg haben will, muß seine
Erfolgsziele geistig vor sich sehen können.

Kluge, erfolgreiche Menschen prahlen
nicht mit ihren Erfolgen.

Wer Erfolg haben will,
muß Opfer bringen können.

Erfolg bringt Erfolg!

Erfolg

Menschen aus kinderreichen Familien
sind oft erfolgreicher, weil sie sich
stärker auf den Erfolg konzentrieren mußten.

Erfolgsleiter

Wer die Erfolgsleiter hinauf klettern will,
braucht immer einen, der die Leiter unten
festhält.

Erfolgsregel

Gewinne andere,
die dich weiter empfehlen.

Ermutigung

Ein Funken Ermutigung kann eine
Flamme Arbeitslust entfachen.

Eröffnung

Verkaufen ist wie ein Schachspiel.
Meistens beginnt der Kunde mit weiß.

Erzählen

Wer aus der Vergangenheit erzählt,
beeinflußt oft seine Zukunft.

Fähigkeiten

Wichtig ist nicht, was Sie mit
10% Ihrer Fähigkeiten tun,
sondern mit den übrigen 90%.

Faulheit

Im Kampf zwischen Tun und Nichtstun
gewinnt meistens die Faulheit.

Fehler

Kluge bauen Fehler ein,
um Dumme zu gewinnen.

Fischen

Beim Verkaufen ist es wie beim Fischen,
man weiß nie, wann der nächste Kunde anbeißt.

Flucht

Wer in die Krankheit flüchtet,
findet oft seinen Weg nicht wieder heraus.

Fragen

Der Kluge fragt nach Rat.

Wer in Not ist, lernt zu fragen.

Fragetechnik

Die Formulierung:
»Wie würden Sie es machen?«
bringt manchen zum Schweigen!

Freiheit

Auch der Journalist ist nicht frei in seiner Meinung; er muß schreiben, was für seine Leser lesenswert ist.

Freiheit ist relativ. Ein Vogel im Käfig ist oft freier, als die, die draußen fliegen.

Freizeit

Wer heute ab und zu nichts tut, tut etwas.

Man kann Arbeit mit nach Hause nehmen, aber keine Freizeit mit zur Arbeit!

Freund

Ein guter Freund ist oft wie eine Tankstelle auf der Autobahn des Lebens.

Freunde

Das schöne an Bekanntschaften und Freundschaften ist,
daß man feststellen kann, daß andere auch
Sorgen und Schwierigkeiten haben.

Freundlichkeit

Freundlichkeit ist wie ein Bumerang.
Sie kommt wieder zurück.

Führen

Nur wer die Regeln kennt, kann regeln.

Führung

Wer anderen dauernd in den Hintern tritt,
könnte einmal die Balance verlieren.

Gib deinen Mitarbeitern Selbstvertrauen
und Anerkennung und du gibst ihnen alles.

Führungskraft

Auch wer die erste Geige spielt,
braucht deshalb noch nicht die anderen
Instrumente zu beherrschen.

Furcht

Furcht muß man bekämpfen.

Geduld

Das Leben ist wie ein Rad –
es geht immer weiter.

Wer sich Geduld aneignen will, lernt
es als Verkäufer am schnellsten.

Geld

Jeder will Geld verdienen; man wundert
sich nur, wo das alles herkommen soll.

Genie

Auch ein Genie kann ein Verkäufer werden,
wenn er bereit ist, hart zu arbeiten.

Gesundheit

Arbeite nicht gegen deinen Körper,
sondern mit ihm.

Gesundheit erhält man mehr von Innen.

Magenschmerzen kommen nicht nur von
außen; sie werden oft durch das
negative Denken verursacht.

Humor ist eine wichtige
Versorgungstherapie gegen Krankheit.

Wer nicht ausgeschaltet werden will,
muß lernen abzuschalten.

Wer gesund bleiben will, wird gesund.

Wer dauernd im Kreis läuft,
bekommt bald Kreislaufstörungen.

Die meisten lesen gern über Gesundheitstips,
anstatt tatkräftig etwas dafür zu tun.

Wer Schmerzen vermeiden will,
härtet sich ab.

Wer seinen Kopf mehr als seine Beine anstrengt,
leidet unter Bewegungsarmut.

Gewinn

Umsatz ist gut,
Gewinn ist besser.

Gewissen

Handle nicht gegen dein Gewissen
– es lohnt sich nicht.

Gewohnheiten

Wer auch in Zukunft fest im Sattel bleiben will,
darf nicht im alten Trott weitermachen.

Grenzen

Die wichtigste Grenze, die man kennen muß,
ist die eigene.

Handeln

»Das hätte ich auch tun können«,
brauchen die, die handeln, nie zu sagen.

Wer sich im Wasser bewegt,
hält seinen Kopf über Wasser.

Wer handelt hat weniger Sorgen.

Handeln

Wer alles sofort erledigt,
gewinnt Zeit, um nichts zu tun.

Das Leben ist mitunter gleich einem Ping-Pong-Spiel. Jeden Moment können neue Probleme auf Sie zufliegen. Deshalb müssen Sie lernen, gezielt, konzentriert und taktisch zurückzuschlagen.

Wer sich heute nicht vordrängt,
wird leicht verdrängt.

Hilfe

Wer anderen hilft, hilft sich selbst.

Hindernis

Der gute Verkäufer kennt kein Hindernis.

Hoffnung

Ein Asyl nach Mißerfolgen liegt im Weitermachen.

Das schönste Geschenk macht man, wenn man einem anderen Hoffnung und Zuversicht schenkt.

Hoffnung

Nach einer dunklen Nacht folgt immer der Tag.

Humor

Humor ist das Trinkgeld der Optimisten.

Das Wort »Humor« ist international.

Humor ist nicht, wenn man trotzdem lacht, sondern wenn man lacht.

Humor und Schlagfertigkeit sind der Schlüssel zum erfolgreichen Verkaufen.

Unvorhergesehene Pannen lassen sich oft durch eine humorvolle Bemerkung überbrücken.

Ideen

Nach einer Ideen-Quelle muß man selber graben.

Wer Ideen aufschreibt, hat mehr davon.

Wer zu viele Ideen hat, findet selten Zeit für die Ausführung.

Innere Kraft

Die innere Kraft hält andauernd Ausschau, um ihre starken Wünsche und Ideen zur Erfüllung zu bringen.

Inspiration

Wer im Wald spazieren geht,
hat Zeit, seine Gedanken
Wurzeln schlagen zu lassen.

Interesse

Wenn jemand fragt, wie geht es Ihnen,
ist er meist erstaunt, wenn Sie es ihm erzählen.

Konkurrenz

Jeder sagt, die Konkurrenz sei
billiger – wo kommen dann die
Preissteigerungen her?

Können

Wichtig beim Freischwimmer ist nicht die Urkunde,
sondern das Können.

Kontakt

Wer Kontakt haben will,
muß erst Kontakt suchen.

Wer andere grüßt, wird begrüßt.

Wer klopft und hineingeht,
ist schon drin.

Kontakt ist gut,
verkaufen besser.

Kontrolle

Wenn Sie täglich Ihren Lebenskurs
prüfen, fahren Sie nicht umsonst.

Konzeption

Nutzen Sie die Kraft der klaren,
kurzen Konzeption.

Kooperation

Kooperation beginnt mit dem gemeinsamen Denken.

Krankheit

Du bist oft nicht so krank
wie du denkst.

Kritik

Wer kritisiert zeigt Interesse.

Kritik hilft dem Klugen weiterzulernen.

Wenn Sie einen Satz mit der Formulierung
»nehmen Sie es mir nicht übel« beginnen müssen,
dann bedenken Sie genau, was Sie sagen wollen.

Kunden

Fünfzig Prozent der Kunden sind sehr angenehm.
Nur weiß man oft vor einem Besuch nicht,
zu welcher Kategorie der Kunde zählt.

Manche Kunden sehen den Verkäufer lieber
von hinten als von vorne.
So geht es aber auch dem Verkäufer.

Wenn Sie den Kunden aufbauen,
haben Sie nicht falsch gebaut.

Leben

Das Leben ist wie ein Scheckbuch.
Jeden Tag müssen Sie ein Blatt verwenden,
bis die Blätter plötzlich zu Ende gegangen
sind.

Die Kunst des Lebens liegt darin, die
Zeit zwischen Geburt und Leben so angenehm
wie möglich zu gestalten.

Wer das Leben kennenlernen will,
schaut besser hinter die Bühne.

Lebenskunst

Wenn Sie einmal den Nullpunkt erreicht haben,
freuen Sie sich, denn dann kann es nur bergauf gehen.

Die Kunst im Leben besteht darin, nicht sich,
sondern andere zu ärgern.

Akzeptieren Sie die Welt von heute –
morgen ist es zu spät.

Eine wichtige Kunst ist die Lebenskunst.

Leistung

Ein Springreiter wird nach den Leistungen seines Pferdes beurteilt – eine Firma nach den Leistungen der Verkäufer.

Die größten Leistungen vollbringt nur der, der gelernt hat, im entscheidensten Augenblick letzte Reserven mobil zu machen.
(Segal)

Lernen

Lerne, als ob du ewig lebtest, lebe, als ob du morgen stürbest.
(Indischer Tempelspruch)

Wer lernen will, fordert sich selbst heraus.

Wer schwimmen lernen will, muß sich auch bewegen.

Menschenbehandlung

Sieh den Kern und nicht die Schale.

Wer in der Menschenbehandlung richtig fahren will, darf die Kupplung nicht zu früh loslassen.

Störe einen Menschen nicht in der Erreichung seiner Ziele, sondern hilf ihm, und du gewinnst einen Freund.

Ein Versandkatalog wird niemals das
Menschliche des Verkäufers ersetzen können.

Das Schöne, das du den Menschen sagen kannst,
sage heute, und das Schlechte, übermorgen.

Wer in der Menschenbehandlung die Vorfahrt
nicht beachtet, landet bald im Krankenhaus.

Hinter jedem Problem steht meistens ein Mensch.

Wenn Sie meinen, daß die Nachbarn dreckige Fenster
haben, kann es sein, daß ihre eigenen nicht
ganz sauber sind.

Menschenbehandlung

Gemeinsames Handeln verbindet am
schnellsten miteinander.

Wer nach innen schaut,
versteht die Außenwelt besser.

Mißerfolg

Gehe immer vorwärts,
aber analysiere Mißerfolge rückwärts.

Motivation

»Tue es jetzt« ist der
beste Arbeitsantreiber.

Sage Ja
und Du kannst.

Sagen Sie dem Menschen, daß es geht,
und es geht dann wirklich.

Arbeite, lerne, leiste was,
hast du, kannst du, bist du was!

Eine Herausforderung ist der beste Ansporn.

Kommunikation ist gut –
Motivation ist besser.

Verkäufer sind oft Seelsorger
ihrer Kunden.

Das schlechte Gewissen ist eines
der besten Motivationshilfsmittel.

Wer einen anderen vorbeiläßt,
zwingt ihn, schneller zu sein.

Mut

Mancher Blinde hat eine bessere
Haltung als viele, die sehen können.

Neinsagen

Wer nein sagen kann, erspart sich manche Arbeit.

Optimismus

Wer jeden Tag wie den letzten Tag lebt,
hat eines Tages recht.

Der Pessimist denkt im Sommer schon an den
Winter, der Optimist im Winter schon
an den Sommer.

Optimismus ist die Luftblase in unserem Leben, die uns vor dem Untergehen bewahrt.

Es ist leichter,
zwei Koffer zu tragen
als nur einen.

Philosophie

Dumme Menschen suchen Anerkennung
– kluge Belehrung.

Das schönste am Leben ist die Veränderung.

Die Kunst im Leben ist, den Kopf immer über Wasser zu halten.

Tue Gutes, du weißt nie,
wozu das gut ist.

Der Mensch braucht am meisten
den Menschen.

Nimm es leicht, und es
wird auch leichter.

Wer sich immer nur eine Sache wünscht,
hat mehr vom Leben.

Planung

Sinn und Zweck der Stufenplanung ist, daß man nur eine Stufe zur Zeit ersteigt.

Wer vorher plant, läßt sich nicht so schnell aus dem Gleis bringen.

Planung

Wer seine Tages-, Wochen-, Monats- und
Jahresziele schriftlich notiert, ist
schon auf dem Wege der Realisierung.

Wer für morgen plant,
hat nie Langeweile.

Ein Stück Papier und Kugelschreiber
sind das billigste Planungsmittel.

Die innere Stimme hat immer recht.

Wer über alles schimpft,
sollte sich an die richtigen Stellen
wenden und nicht an Dritte.

Wer mit Stundenplänen arbeitet,
gewinnt Tage.

Viele Menschen kommen vor lauter Planung
gar nicht zum Arbeiten.

Denken ist wichtig –
Vorausdenken noch wichtiger.

Positives Denken

Der Glaube an den Erfolg
ist das erste Erfolgsgeheimnis.

Auch wenn Sie im Keller gelandet sind, nicht verzagen,
denn oft genügt schon ein Knopfdruck und der Fahrstuhl
fährt Sie nach oben.

Positives Denken

Sobald Sie Ihr Leben auf Erfolg programmiert haben, wird Ihr eigenes Radar-Such-System auf Lösungsmöglichkeiten eingeschaltet sein.

Viele Menschen sind ihre
eigenen Grenzsteine.

Das Positive wird letzten Endes
immer über das Negative siegen.

Das Schöne am Leben ist,
daß jeder Tag etwas Neues bringt.

Du wirst das, was du geistig am
meisten lebst.
(Mulford)

Bedenke immer
– Du bist das, was du denkst.

Frage nicht ob, sondern wie!

Viele Menschen beschäftigen sich hauptsächlich
mit ihren Fehlern, anstatt mit ihrem Können.

Berufspessimisten sollten versuchen
Hobbyoptimisten zu werden.

Eine negative Situation kann durch nur
eine positive Idee geändert werden.

Um über den Berg zu kommen,
müssen Sie erst einmal mit dem Aufstieg
beginnen.

Suche stets die Sonnenseite des Lebens,
die Schattenseite kommt sowieso.

Probleme

Löse nicht alle Probleme auf einmal,
denn viele erledigen sich mit der Zeit
von selbst.

Problemlösungsmöglichkeiten müssen reifen.

Es gibt Probleme,
die andere besser lösen können als Sie.

Es gibt eine Lösung für jedes Problem
– sie muß nur gefunden werden.

Jedes Problem hat eine Plus- und Minus-Seite.

Viele Probleme lassen sich lösen
durch das Gesetz der Nichtbeachtung.

Ratlosigkeit

Wenn es nicht weitergeht,
geht es oft weiter.

Reden

Viele Reden werden erst hinter
dem Rednerpult geboren.

Wenn einige Menschen weniger reden würden,
hätten sie mehr Zeit zum Denken.

Spreche nicht, wenn du nichts zu sagen hast.

Wer seine Zuhörer fesseln will, muß hin und wieder eine Überraschung parat haben.

Beherrsche deine Gedanken,
und du beherrschst dein Wort.

Die Kunst, reden zu können,
ist eine wichtige Voraussetzung für den Erfolg.

Vergiß nie: Zuhörer lachen gern.

Wer das Wort hat,
braucht noch lange nicht auch die
richtigen Wörter zu haben.

Redner

Ein Erfolgsredner liest dic Resonanz aus den Augen seiner Zuhörer.

Gute Redner haben ihr Manuskript im Kopf.

Schöpferisches Denken

Schau in dich, habe Geduld, hör und sieh, und du wirst eine schöpferische Gedankenquelle finden.

Not zwingt einen zum schöpferischen Denken.

Schranken

Warte nur – die Schranken gehen schneller auf als du denkst.

Selbstmotivation

Der Mensch ist ein Selbstbildnis
seiner Gedanken und Vorstellungen.

Positives Denken sind geistige
Vitamine für den Alltag.

Ein Slogan für positive Verkäufer:
Der nächste Kunde kauft bestimmt.

Suchet, so werdet ihr finden!
Klopfet an, so wird euch aufgetan!
(Bibel)

Das Leben ist wie ein Bumerang:
»Was du anderen Gutes tust,
kommt meistens von irgendwo zurück«.

Je stärker der Wunsch,
desto größer der Erfolg.

Ein wichtiges Motivationsmittel,
ist es im Geiste seine Erfolge zu sehen.

30 Sekunden tief Luft holen und Sie
gehen nicht so schnell in die Luft.

Praxis erleichtert die Praxis.

Ein guter Tag hängt sehr oft von
Ihnen selbst ab.

Wer sich selber einen Schubs geben kann,
kann mehr, als er denkt.

Wer zuviel arbeiten muß,
ist oft zu faul zum Nachdenken.

Schau das Leben an,
und nicht daran vorbei.

Wer eine Aufgabe sofort erledigt
braucht es später nicht mehr zu tun.

Sei dir bewußt, daß du bewußt
leben mußt.

Gehe weiter – und es geht weiter!

Das Wort »jetzt« ist für den Tüchtigen
wichtiger, als das Wort »morgen«.

Sorgen

Die Zeit ist ein guter Seelsorger.

Das Schöne an Sorgen ist,
daß man schon 75% vergessen kann.

Lernen Sie von Ihrem Gedächtnis,
es vergißt unangenehme Episoden
schneller als angenehme.

Wer viel grübelt,
ist nicht ausgelastet.

Viele sind enttäuscht,
wenn Sie feststellen müssen,
daß sie keine Sorgen haben!

Die Engländer sagen:
Wenn Sie sich sorgen,
sterben Sie, wenn Sie sich nicht sorgen,
sterben Sie auch,
also warum sich sorgen?

Streit

Wenn zwei Vögel sich um ein Körnchen streiten,
schnappt ein dritter es meistens weg.

Um Spannung zu vermeiden, lerne die Ziele
des anderen kennen.

Viele versuchen ein Streitfeuer
mit Benzin zu löschen.

Stress

Ein Zukunftsforscher lebt unter weniger
Stress als ein Verkäufer,
denn seine Ergebnisse sind nicht
sofort überprüfbar.

Training

Gute Trainer lassen ihre Teilnehmer glänzen.

Allein mit Fachwissen steht der Verkäufer
oft alleine.

Training bedeutet fordern und fördern.

Wer am Ball bleiben will,
muß vorher trainieren.

Wer nicht ständig trainiert,
der verliert.

Training ist eine systematische Schulung
zur Anpassung an die höhere Leistung.

Unzufriedenheit

Es ist woanders immer schöner,
solange man nicht dort ist.

Verkaufen

Rechnen Sie mit Pannen, analysieren Sie
deshalb Möglichkeiten, die gerade auf Ihrem
Sektor leicht vorkommen können.

Kluge Verkäufer formulieren die
Worte im Kopf ehe sie sprechen.

Ein Pilot kann das Fliegen in einem
Simulator lernen;
ein Verkäufer kann das Verkaufen
im Training lernen.

Wer mehr als seinen Artikel verkauft,
verkauft mehr.

Viele Verkäufer scheitern schon vor
der Tür, die meisten erst dahinter.

Der Verkäufer hat die längste Lehre
– er lernt nie aus.

Das Schaufenster eines Verkäufers
ist sein Gesicht.

Verkaufen bedeutet eigentlich:
Anderen Menschen helfen, eine
Entscheidung zu treffen.

Das Gesetz von Ursache und Wirkung
hat auch im Verkauf seine echte
Berechtigung.

Verkaufskunst

Es stimmt schon... zum Verkäufer
muß der Mensch geboren sein.

Verlieren

Wer etwas gewinnen will,
muß auch bereit sein,
etwas zu verlieren.

Wahrheit

Die Wahrheit siegt, auch wenn es
etwas länger dauert.

Die Wahrheit lohnt sich immer,
auch wenn sie mitunter schwer fällt.

Sprich immer die Wahrheit,
denn deine Aussagen leben in
anderen Menschen weiter.

Wer Kunden betrügt,
betrügt sich selbst.

Weitermachen

Wer aufgibt,
wird aufgegeben.

Wille

Heute muß man mehr denn je Willen aufbringen,
um seinen Willen durchzusetzen.

Wissen

Früher kam man mit dem Brockhaus
und einer guten Zeitung aus,
heute braucht man noch Fachbücher
und Seminare.

Prospekte sagen oft mehr aus,
als gleichgültige Verkäufer.

Wollen

Die meisten Menschen verdienen gar nichts,
weil sie nicht wissen, was sie wollen.

Wünsche

Es ist oft leichter, einen eigenen Wunsch
zu erfüllen, als den eines anderen.

Wut

Wer eine Tür vor Wut zuschlägt,
hat leicht Schwierigkeiten,
sie wieder zu öffnen.

Zeit

Zeit hat man nie,
die muß man sich einfach nehmen.

Zeit ist wichtiger als Geld.
Geld kann man vermehren,
Zeit aber nicht.

Kunden haben wenig Zeit –
Verkäufer noch weniger.

Das Wichtigste an einer Stunde sind
die Minuten.

Der Tüchtige wird immer Zeit haben,
noch mehr zu erledigen,
der Faule immer weniger.

Der wichtigste Plan ist der Zeitplan.

Ziel

Du bist so alt wie deine Ziele.

Wenn Sie gesund bleiben wollen,
verfolgen Sie ein Ziel.

Wenn die Menschen erst wissen,
wo sie hinwollen, helfen andere gern mit.

Wer sich Tagesziele setzt,
verkauft mehr als der Verkäufer,
der den Tag dem Zufall überläßt.

Kurze Ziele bringen Sie dem
Langzeitziel näher.

Die meisten geben nicht nach dem Start auf,
sondern kurz vor dem Ziel.

Wer jedes Vorhaben sofort in Angriff nimmt,
kommt schneller zum Ziel.

Wer kein Ziel hat,
braucht sich nicht zu wundern,
wenn er ganz woanders landet.
(unbekannt)

Zielsetzung

Ein Ziel wird nicht nur durch
Denken erreicht: man muß auch handeln.

Wer das Endziel kennt,
findet schneller die Zwischenziele.

Zuhören

Echtes Zuhören bedeutet,
daß man ab und zu auch etwas sagt.

Zuhören lernt man am besten
durch Zuhören.

Wenn jemand schlecht zuhört,
nennen Sie öfter seinen Namen.

Viele Menschen hören nur zu,
um ihre Meinung nicht sagen zu müssen.

Der Mensch hat zwei Ohren
aber nur eine Zunge.

Wer beim »Dreiergespräch« zuhört,
profitiert am meisten.